야생화 자수
우리 꽃을 곁에 두다

느리게 만드는
특별한 이야기
03

야생화 자수
우리 꽃을 곁에 두다

| 김종희 지음 |

팜파스

Prologue

좋아하는 일을 하며 자신만의 시간을 충분히 누리는 것,
그것이 진정한 여유로움이라 생각합니다.
제겐 야생화 자수를 놓는 시간이 그랬습니다.
비록 바늘 끝에서 피어났지만 가슴 가득 그 향기로 채워지던 시간,
마음을 담고 색을 담고 또 생각을 나누며 이 아이들과 함께했던
그 모든 시간들이 행복한 여행이었습니다.
그리고 유년시절을 보낸 초록 숲과 너른 들녘을 떠올리는 것도
저에게는 최고의 여유로운 휴식이었습니다.
오솔길 따라 사계절 내내 흐드러지던 우리 야생화,
이름만 들어도 정겨운 고마리, 애기똥풀, 벌개미취, 물봉선.

자수를 하면서 그 이름만으로도 가슴에 온기가 느껴지는
우리 땅에서 함께 자란 우리 야생화에 대한 갈망이 깊어져 갔습니다.
그러나 현실적으로 야생화 자수라는 분야는 규방공예나 퀼트 같은 다른 섬유공예의
일부분으로 여겨지고 있는 상황에서, 우리만의 야생화 자수 관련 자료가 있을 리 없었습니다.
야생화 자수를 하고 싶은 사람들은 불편을 감수하면서도 다른 나라의 야생화 자수 책을 보며
그 마음을 달랬습니다. 또 그렇게 태어난 우리에게는 낯선 다른 나라 야생화들이 마치
우리 야생화를 대변하듯, 세상에 나와 큰 목소리를 낼 때는 안타까운 마음이 들었습니다.

이렇게 우리의 야생화를 실은 야생화 자수 책에 대한 간절함이 깊어갈 무렵,
더 오래 전부터 저와 같은 고민을 하고 계셨던 이진아 실장님을 만나게 되었고
저의 바람대로 우리의 야생화 자수를 책으로 엮게 되었습니다.
첫 만남에서부터 함께 작업하는 내내 저에게 자신감을 심어주시고, 저를 믿고 끝까지
따뜻한 격려를 아끼지 않으셨던 이진아 실장님께 다시 한 번 감사의 마음을 전합니다.

책이라는 한정된 공간 안에서 의도했던 만큼의 이야기들을 충분히 전해드리지 못한 점은
아쉬움으로 남지만, 이 책은 야생화 자수에 관심을 갖고 계신 분이라면
좋아하는 걸 함께할 수 있는 친한 친구 같은 책이 되었으면 합니다.
그리고 일상에 지친 어느 날 문득 펼쳐보았을 때, 지친 나를 편히 쉬어 갈 수 있게 해주는
그런 휴식 같은 책이 되었으면 좋겠습니다.

끝으로 항상 곁에서 큰 힘이 되어준 후배 민정이와
아낌없는 성원과 지지를 보내준 도예가 허민 님께 감사의 인사를 전합니다.

김종희

Contents

PROLOGUE • 004

BASIC 01 야생화 자수 시작합니다! • 008
재료와 도구 | 수놓는 순서

BASIC 02 이 책에 사용하는 스티치 • 012

BASIC 03 수놓기 전에 알아 두세요 • 014
이 책을 보는 요령 | 이 책에 쓰인 자수실 번호

Part 1
기다림, 꽃이 되다

 봄맞이 • 020

 깽깽이풀 • 026

 홀아비꽃대 • 030

 얼레지 • 036

 설앵초 • 040

 동의나물 • 046

 홀아비바람꽃 • 050

 벌깨덩굴 • 054

 두메양귀비 • 060

Part 3
꽃으로도 하지 못한 말

 분홍구절초 • 116

 동자꽃 • 122

 흰금강초롱 • 128

 쑥방망이 • 134

 솔나리 • 140

 각시취 • 148

 연잎/연밥 • 158

 솟대 • 170

Part 2
그리움, 꽃이 되다

 개망초 • 066

 마타리 • 070

 도라지 • 074

 술패랭이 • 080

 고려엉겅퀴 • 088

 참취 • 094

 오이풀 • 100

 대구으아리 • 104

우리 꽃 여행을 마치며 • 174

BASIC 01
야생화 자수 시작합니다!

DMC 25 면사를 처음 보았던 날이 떠오릅니다.
그때는 도도하게 감겨 있던 이 녀석이 어찌나 위협적으로 느껴지던지.
혹시나 잘못 건드렸다가 엉켜버리는 건 아닐까 그러면 다시 원래대로 감아
놓을 수 있을까 하는 두려움에 몇날 며칠을 바라보기만 했었습니다.
그런데 시간이 지난 지금도 자수실과 마주하면 여전히 그때처럼 긴장되고
가슴이 두근거려 선뜻 실타래를 풀지 못한답니다.
야생화 자수를 시작하겠다는 마음으로 처음 이 책을 펼치신 분들도 저와 같은
생각을 하고 계시지 않을까요? 어디서부터 어떻게 해야 되나 막연한 기대와
설렘으로 밤잠을 설치기도 하고, 다른 사람들의 작품을 보면서 감탄하고
부러워하셨다면 마음은 이미 준비가 되어 있는 것이랍니다. 이제 저와 함께
맑은 바람 불어오는 향긋한 숲길 따라 야생화 자수 여행을 시작해볼까요?

재료와 도구

재료

바탕천
면직물 무명, 광목, 옥양목
마직물 리넨

실
DMC 25 면사(십자수실)

도구

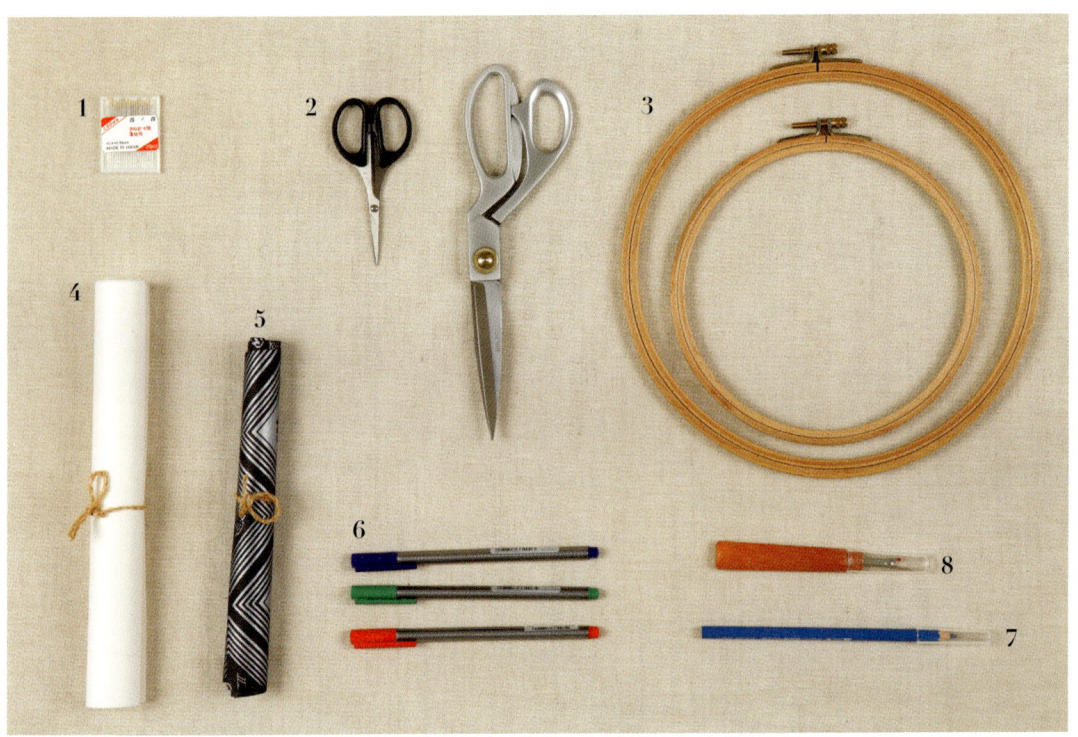

1 바늘
바늘귀가 가늘고 길이가 긴 바늘이 쓰기 편해요. 이 책에서는 규방공예나 비즈구슬 바늘로도 사용되는 실크원단용 바늘 6호를 사용했어요. 바늘은 호수가 커질수록 굵기가 가늘어집니다.

2 가위
바탕천 재단용 가위와 자수용 가위를 구분해서 사용하세요.

3 수틀
작품의 크기에 따라 알맞은 수틀을 사용합니다. 이 책에서는 지름 25cm, 30cm, 45cm의 나무 수틀을 사용했어요.

4 트레싱페이퍼
도안을 그대로 옮겨 그릴 때 사용합니다.

5 먹지
도안을 바탕천에 옮겨 그릴 때 사용합니다.

6 다색볼펜
바탕천 위에 먹지를 올리고 도안을 옮겨 그릴 때 사용합니다. 도안과 다른 색의 볼펜을 사용해야 구분하기 쉬워요.

7 열전사펜
투사지에 도안을 그린 후 원단위에 올려 다리미로 열을 가하면 바탕천에 도안이 그대로 옮겨집니다. 한번 그려진 도안은 지워지지 않는다는 단점이 있어요.

8 실뜯개
리퍼라고도 하며 자수실을 뜯어내거나 실밥을 제거할 때 사용합니다.

> **tip**
>
> **원단 및 부자재 구입처**
> 오프라인 매장 : 동대문 종합시장(동대문역), 광장시장(송로5가역)
> 인터넷 쇼핑몰 : 홈패션, 퀼트, 십자수용품 전문점

수놓는 순서

1 바탕천 선세탁하기
원단에 묻어 있는 오염물질을 제거하고, 완성된 작품을 세탁했을 때 원단이 줄어드는 것을 방지합니다. 귀찮다고 이 과정을 생략하면 나중에 꼭 후회하게 된답니다.

2 바탕천 다림질하기
선세탁한 원단이 어느 정도 마르면 다림질합니다.

3 도안 옮기기
수놓을 바탕천 위에 먹지를 올리고 그 위에 도안을 올린 다음 그대로 옮겨 그립니다.

4 수틀 끼우기
도안이 옮겨진 바탕천을 수틀에 끼워 고정시킨 뒤, 바탕천이 팽팽해질 때까지 수틀 바깥쪽 원단을 골고루 잡아당깁니다.

5 수놓기
도안에 예쁘게 수를 놓아줍니다.

6 작품 세탁하기
작품이 완성되면 다시 한 번 세탁해서 오염물질(먹지 번짐, 펜 자국 등)을 제거합니다.

7 작품 다림질하기
세탁한 작품이 어느 정도 마르면 뒤집어서 다림질로 마무리합니다.

tip

자수의 시작과 마무리

1 매듭을 짓지 않고 바탕천 아래서 위로 바늘을 빼내어 두 땀 정도 짧게 놓아 줍니다.

2 바탕천 아래 실의 끝부분을 길게 남겨두면 수놓을 때 남는 실이 위로 딸려와 지저분해집니다.

3 두 땀 위에 수를 놓아 면을 채워줍니다.

4 수를 마무리할 때도 시작과 마찬가지로 실 사이에 짧게 두 땀을 놓아줍니다.

5 그런 다음 바탕천 위로 바늘을 빼내어 가위로 바짝 실을 잘라줍니다.

6 깨끗한 뒷면!

BASIC 02
이 책에 사용하는 스티치

이 책에 사용하는 스티치는 생각보다 많지 않아요. 줄기는 모두 아웃라인 스티치로 수놓았습니다. 도라지의 꽃술을 표현한 블리온 스티치나 연밥의 씨앗을 표현한 패디드 새틴 스티치도 딱 한 번씩만 사용했어요. 그러니 다양한 스티치를 알고 있어야 야생화 자수를 놓을 수 있을 것이라는 두려움은 살포시 접어두세요. 이 책에 소개하는 몇 가지의 스티치만으로도 얼마든지 예쁜 야생화 자수를 수놓을 수 있답니다.

1. 레이지데이지 스티치

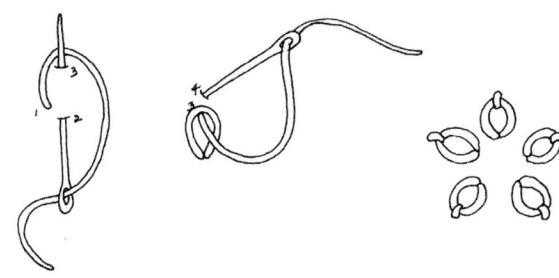

2. 롱앤숏 스티치

3. 블리온 스티치

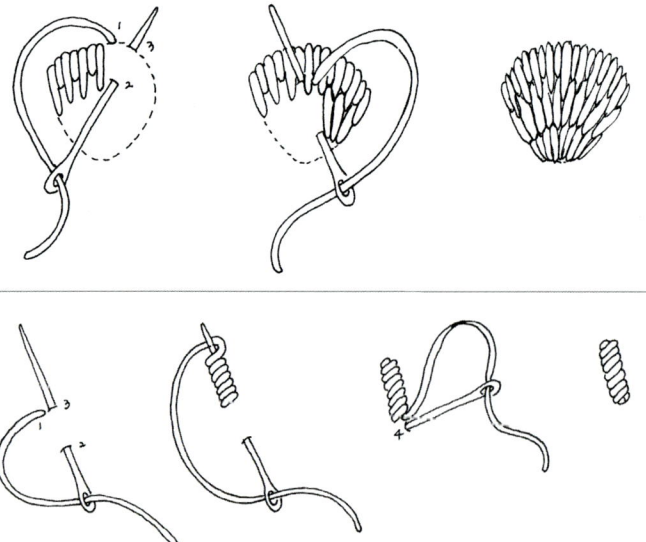

4. 새틴 스티치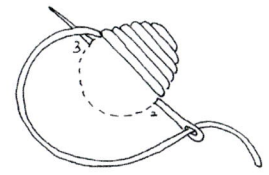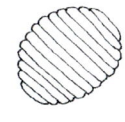

5. 스트레이트 스티치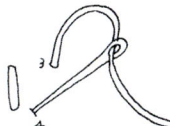

6. 시딩 스티치

7. 아웃라인 스티치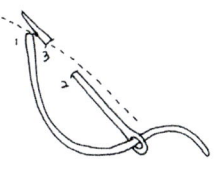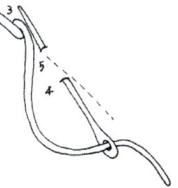

8. 크로스 스티치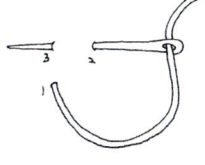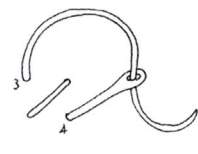

9. 패디드 새틴 스티치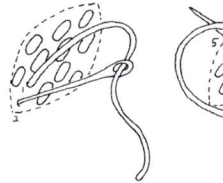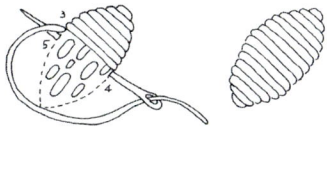

10. 프렌치넛 스티치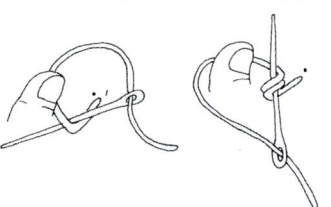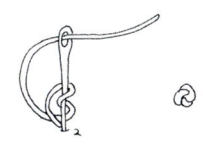

BASIC 03
수놓기 전에 알아두세요

야생화 자수에 쓰이는 면직물

자수를 시작할 때 하게 되는 첫 번째 고민은 바로 원단 선택이겠죠? 면실로 수놓는 야생화 자수는 주로 면직물과 리넨이라 불리는 마직물을 사용하는데 광목이나 무명 같은 면직물은 삶을수록 뽀송뽀송해지는 느낌이 좋아 선호하는 직물이랍니다. 자수를 처음 시작하는 분들은 너무 두껍거나 얇은 원단은 피하고 중간 두께의 원단을 사용하세요.

무명
판매 단위 1자(너비 약 38~43cm, 길이 50cm)

두께별 용도
- 두꺼운 천 : 커버링(베개, 방석, 쿠션), 가방
- 중간 천 : 커버링, 생활소품(러너, 다포, 행주, 손수건)
- 얇은 천 : 생활소품, 가리개

광목
판매 단위 1매(너비 다양, 길이 90cm)
- 44인치 : 너비 110cm, 길이 90cm
- 50인치 : 너비 127cm, 길이 90cm
- 55인치 : 너비 140cm, 길이 90cm
- 63인치 : 너비 160cm, 길이 90cm

두께별 용도
10수 〉 14수 〉 16수 〉 20수 〉 30수 〉 40수 〉 60수
* 숫자가 커질수록 두께가 얇아짐

- 10~16수 : 커버링(베개, 방석, 쿠션), 가방, 모자
- 20수, 30수(가장 많이 쓰임) : 홈패션 및 자수소품
- 40수, 60수 : 가리개, 손수건
* 판매되는 워싱 광목도 선세탁 후 사용

옥양목
판매 단위 1매(너비 110cm, 길이 90cm)
두께 및 용도
- 20수 : 생활소품 및 속통 커버링

자수실 DMC 25 면사 사용법

이 책에 소개된 야생화 자수는 모두 DMC 25 면사를 사용했어요. DMC 25 면사는 6올이 한 줄로 되어 있는데, 수놓을 때는 6올 중 1올만 빼서 사용합니다. 자수실의 길이는 50~60cm가 적당해요. 실을 너무 길게 잘라 사용하면 실이 자주 꼬이고 보풀이 일어나 오히려 수놓는 시간이 더 오래 걸린답니다.

야생화 자수 다림질하는 법

완성한 야생화 자수 작품의 끝마무리는 다림질입니다. 다림질은 작품을 뒤집어서 원단의 안쪽에서 해주는데, 야생화 자수가 놓인 부분은 다림질하지 않고 그 주변만 식서 방향대로 다림질해줍니다. 수가 놓인 부분을 다림질하면 정성들여 완성한 야생화 자수의 입체감이 떨어지겠죠? 실수로 다림질했다면 분무기로 물을 뿌려주면 시간이 지난 후 원래대로 돌아온답니다.

(○)

(×)

14

야생화 자수 그라데이션하는 법

자수실을 2개 이상 사용해서 꽃 또는 잎을 수놓을 때 색의 변화가 자연스럽게 이어지도록 해야 하는데, 많은 분이 이 부분을 어려워하세요. 그렇지만 이 책에 제시된 실 번호 순서대로 차근차근 따라 해보시면 차츰차츰 자신감이 생기고 무엇보다 재미있게 느껴질 것입니다. 야생화 자수를 예쁘게 수놓는 비결은 꾸준히 연습하는 길뿐입니다.

 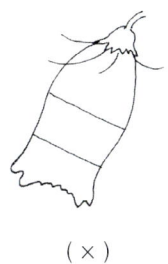

(○)　　　　　(×)

이 책을 보는 요령

- 이 책은 야생화마다 수놓는 순서가 다릅니다. 수놓기에 나와 있는 순서대로 작업하기 바랍니다.

- 수놓기에 나와 있는 수실 번호는 앞에서부터 순서대로 사용합니다.

- 이 책에 소개된 야생화 자수는 모두 1겹으로 수놓았습니다. 2겹 이상으로 해야 될 부분은 별도 표시하였습니다.

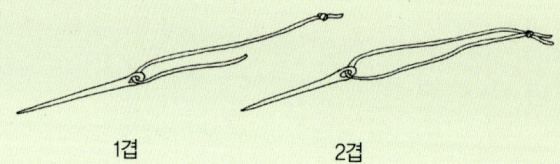

- 이 책에 소개된 야생화 자수의 바탕천은 광목(16수, 20수)과 무명(얇은 것, 중간 것) 그리고 리넨을 사용하였으나, 개인의 취향에 따라 바탕천의 소재나 색깔을 다르게 선택해서 사용하셔도 됩니다.

* 이 책은 우리나라의 산과 들에 자생하거나, 오래 전에 귀화하여 우리와 함께 살고 있는 25종의 우리나라 야생화를 소개하였으며 이 아이들이 우리 곁에서 오래도록 함께하길 바라는 마음을 솟대에 담았습니다.

tip

축소된 도안 크기로 확대 복사하는 법
원래 크기(%) ÷ 축소된 크기(%) × 100
예) 100% ÷ 50% × 100 = 200% 확대 복사

− 33%로 축소된 도안은 303% 확대복사
− 40%로 축소된 도인은 250% 확대복사
− 70%로 축소된 도안은 143% 확대복사
− 80%로 축소된 도안은 125% 확대복사

〈부록〉
이 책에 쓰인 자수실 번호

DMC 25 면사

151 153 155 156 157 159 163 164 168 169 209 210 211 309 320 326 327
340 341 350 351 367 368 369 402 451 452 453 501 502 503 520 522 523
524 535 553 554 581 605 611 640 642 645 646 647 704 725 726 727 728
738 739 742 743 744 745 746 761 762 772 776 777 793 794 799 803 809
814 818 819 827 840 895 900 924 926 927 928 935 963 966 976 977 987
988 3011 3013 3021 3022 3047 3051 3052 3053 3072 3078 3326 3340 3345
3346 3347 3348 3350 3362 3363 3364 3608 3609 3688 3689 3705 3713 3716
3743 3746 3747 3753 3768 3776 3781 3782 3787 3799 3807 3820 3821 3822
3823 3827 3834 3835 3836 3838 3839 3856 3860 3861 3863 3865   (139개)

봄맞이

깽깽이풀

홀아비꽃대

얼레지

설앵초

동의나물

홀아비바람꽃

벌깨덩굴

두메양귀비

Part 1
기다림, 꽃이 되다

이 모든 과정들은
꽃이 되기 위한 기다림의 시간이다.
이토록 의미 있는 시간을
마땅히 즐겁게 누려야 하지 않을까?

봄맞이

이른 봄, 소소리바람이 불면
겨우내 처마 끝에 매달려 있던 고드름은
힘없이 툭하고 마당으로 떨어졌다.
햇살이 길어진 틈을 타 개울에 나가 얼음을 지치면
쩍쩍 갈라지는 얼음 사이로 풍덩하고 빠지기 일쑤였고,
그때마다 모닥불 앞에서 젖은 신발이며 옷가지를 말리면,
순식간에 불똥이 튀어 오그라들던 나일론 양말.
큰언니한테 혼이 나도 그다음 날이면 개울에 나가 얼음을 지쳤다.
지난 가을 문풍지를 바르며 곱게 끼워 넣었던 노란 은행잎이 조금씩 빛을 바라면
운동장에 뛰노는 아이들 소리가 점점 크게 들리고
들녘은 온통 봄맞이로 분주했다.

봄맞이

바탕천	광목
실 번호	368, 451, 523, 725, 3364, 3860, 3865

만들기

도안

수놓기

줄기 아웃라인 스티치

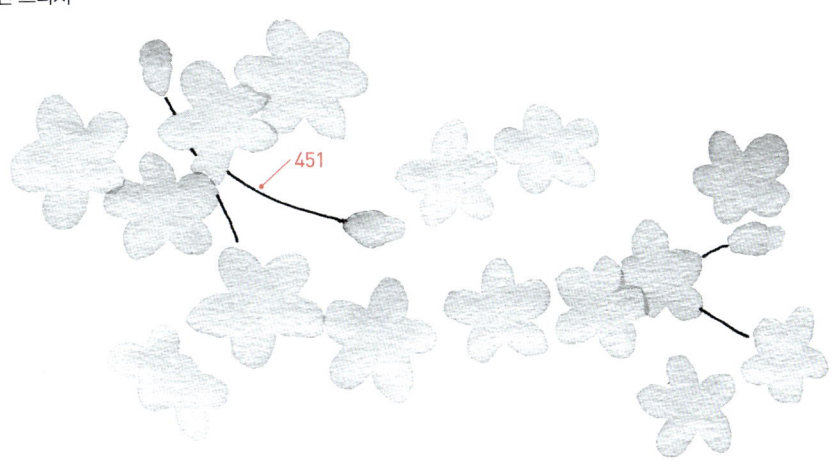

꽃 · 꽃봉오리
꽃 롱앤숏 스티치
꽃봉오리 새틴 스티치

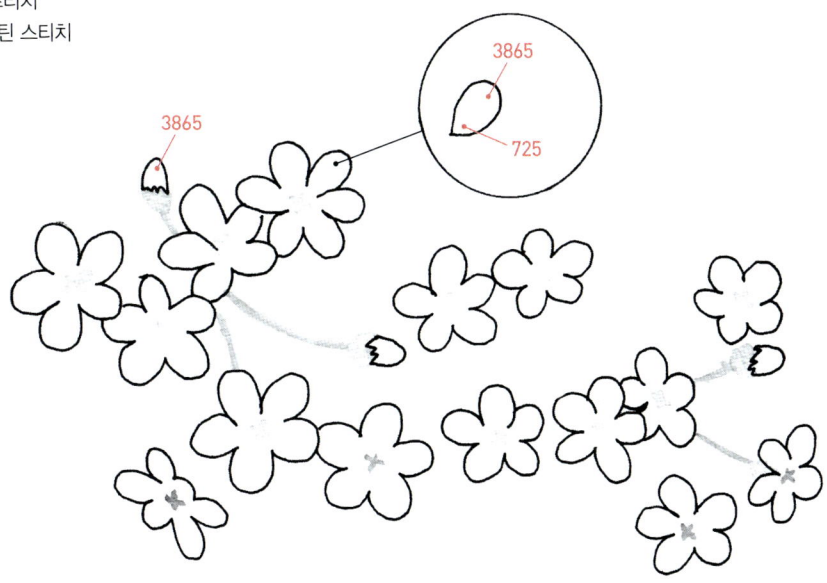

꽃술 크로스 스티치

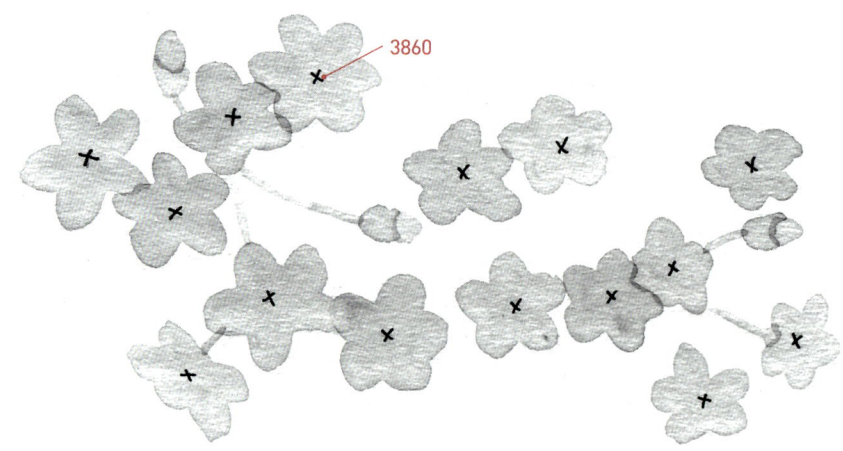

꽃받침 새틴 스티치

깽깽이풀

일찍 작업실에 나가 창문을 열고
커피 물을 올리고 라디오 전원을 켜면
밤새 문 밖에서 기다렸던 해님이 남쪽 창으로 들어온다.
나는 이 시간이 참 좋다.
가끔 문 밖에서 채소장수의 흥정소리가 들리고
유치원 가는 아이의 종종 걸음이 느껴지는 시간.
그런데 무엇보다 더 설레었던 것은
봄 햇살을 머리에 이고 저 문을 들어설 꽃을 닮은 학생들.
바느질하길 참 잘했어, 그 순간 나는 그런 생각을 한다.
봄은 늘 기다림 끝에 온다.
그래서 봄은 사랑스러울 수밖에 없다.
우리도 봄 같은 사람이면 좋겠다.

깽깽이풀은 사라질 위기에 놓인 멸종위기 식물입니다. 우리의 따뜻한 관심이 필요합니다.

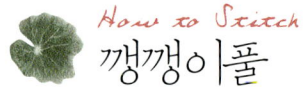
깽깽이풀

바탕천	광목
실 번호	153, 209, 210, 211, 320, 367, 368, 369, 522, 523, 554, 966, 988

만들기

도안

수놓기

줄기 아웃라인 스티치

꽃 롱앤숏 스티치

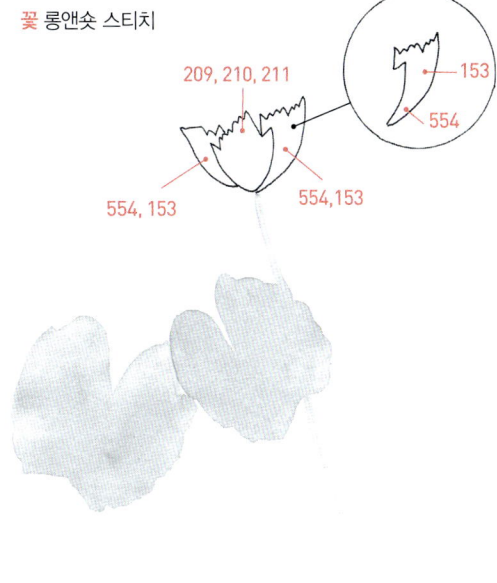

잎맥 아웃라인 스티치

잎 롱앤숏 스티치

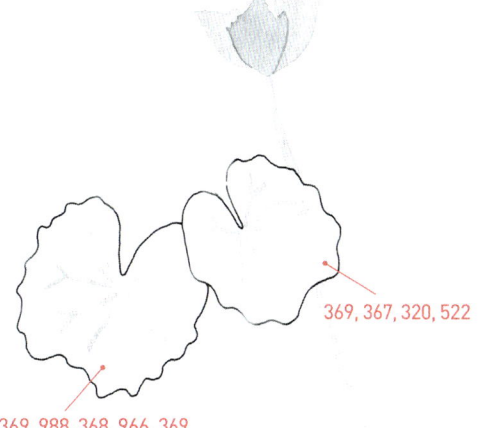

홀아비꽃대

꽤 많은 봄비가 내린 오늘 아침.
떨어지는 빗방울을 보다가
갑자기 우리말로 된 비의 이름이 궁금해졌다.
만약 홀아비꽃비가 있다면 어떤 비가 내릴까?

약비	꼭 필요할 때 요긴하게 내리는 비
해비	해가 나 있는데도 내리는 비
꿀비	농작물이 자라는 데 필요한 때에 맞추어 내리는 비
큰비	상당한 기간에 걸쳐 많이 쏟아지는 비
실비	실처럼 가늘게 내리는 비
비꽃	비가 시작할 때 성기게 떨어지는 빗방울
가랑비	가늘게 내리는 비
도둑비	예기치 않게 밤에 몰래 살짝 내린 비
바람비	바람과 더불어 몰아치는 비
가루비	가루처럼 뿌옇게 내리는 비
여우비	볕이 나 있는 날 잠깐 오다가 그치는 비
마른비	땅에 닿기도 전에 증발되어 버리는 비
먼지잼	먼지만 잠재울 정도로 아주 조금 내리는 비

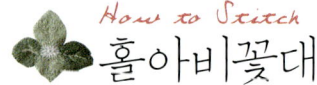
홀아비꽃대

바탕천	무명
실 번호	164, 320, 367, 368, 369, 501, 502, 772, 3865

만들기

도안

수놓기

줄기 아웃라인 스티치

잎맥 아웃라인 스티치

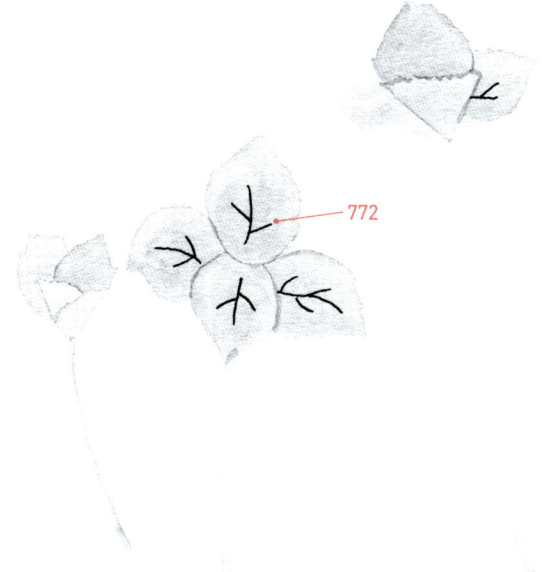

잎 롱앤숏 스티치

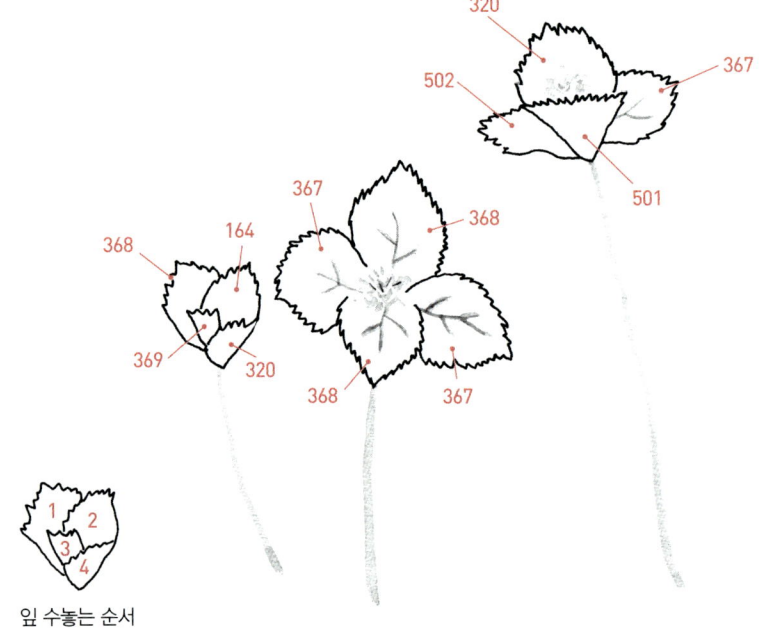

잎 수놓는 순서

꽃 스트레이트 스티치(2겹)

얼 레 지

야생화 자수 강의를 하면서
"어떻게 하면 잘할 수 있어요?"라는 질문을 가장 많이 받는다.
그러면 나는 잘할 때까지 하면 된다고 대답한다.
우스갯소리 같지만, 이 말은 고통스러운 과정을 겪어야 한다는 뜻이다.
잘한다는 기준은 지극히 개인적인 것이다.
예쁜 색 수실만 들여다봐도 가슴이 뛴다는 사람도 있고,
한 땀만 놓았을 뿐인데 감격하는 사람도 있다.
그러다 자신이 생각하는 방향과 뭔가 달라지면
아무리 괜찮다고 해도 순식간에 절망의 늪에 빠진다.
하지만 그런 과정을 겪는 사람들을 보면 그렇게 예뻐 보일 수가 없다.
수실 고르기, 바늘에 실 꿰기, 매듭짓기.
어떻게 보면 참으로 보잘것없는 일이라고 생각될 수도 있다.
그런데 이 모든 과정들은 꽃이 되기 위한 기다림의 시간이다.
이토록 의미 있는 시간을, 마땅히 즐겁게 누려야 하지 않을까?

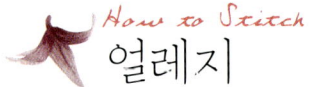
얼레지

바탕천	무명
실 번호	153, 169, 451, 452, 453, 924, 926, 927, 3768, 3834, 3835, 3836, 3861

만들기

도안

수놓기

줄기 아웃라인 스티치

잎 롱앤숏 스티치

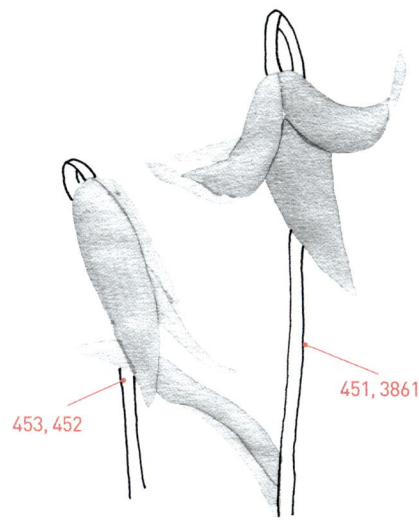

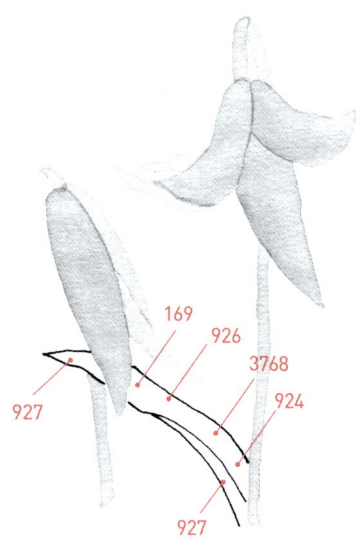

꽃 아웃라인 스티치
색깔 변화가 자연스럽게 수놓는다.

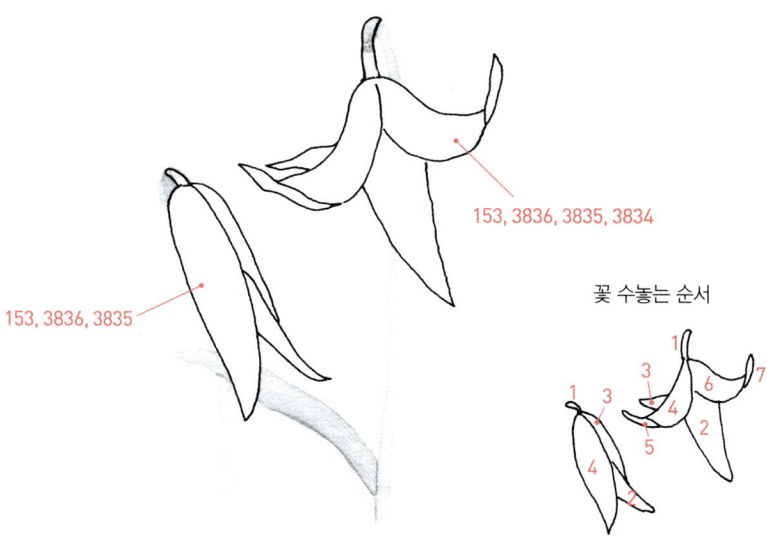

꽃 수놓는 순서

설 앵 초

강남 갔던 제비가 돌아온다는 삼짇날이 되면,
큰언니를 따라 앞산으로 진달래를 꺾으러 갔다.
찹쌀가루를 반죽해서 동그랗게 지짐을 부치면,
뜨거운 화로 앞에 앉아 볼이 발그스름해진 나와 동생은
지짐 위에 서로 진달래꽃을 얹겠다고 티격태격했다.
고운 진달래 화전을 먹을 때에는
그 꽃이 사라지는 게 안타까워 야금야금 먹었다.
가마솥의 감자범벅이 달큰한 냄새를 풍기며 익어가는 동안
우리는 마당보다 깊은 부엌에 모여앉아 웃음꽃을 피웠다.
그러면 부엌 문 밖에서 저도 끼어 달라고
복실이도 낑낑대고 누렁소도 음메음메 울었다.
개울가에 나가 물오른 버드나무 가지를 꺾어
피리를 만들어 불면 마을의 봄은 그렇게 시작되었다.

설앵초

바탕천	무명
실 번호	726, 728, 743, 761, 814, 818, 819, 3053, 3348, 3363, 3364, 3688, 3716

만들기

도안

수놓기

줄기 아웃라인 스티치

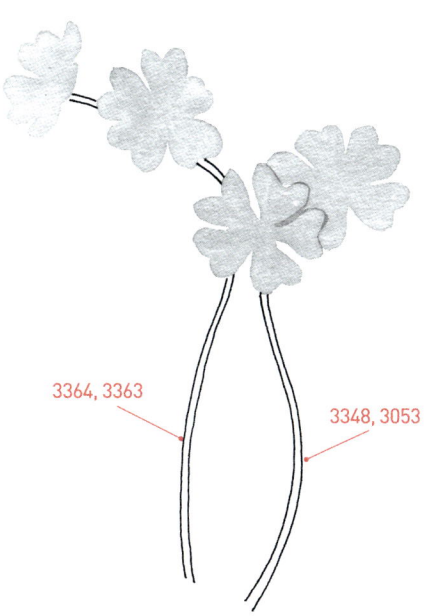

3364, 3363
3348, 3053

꽃 롱앤숏 스티치

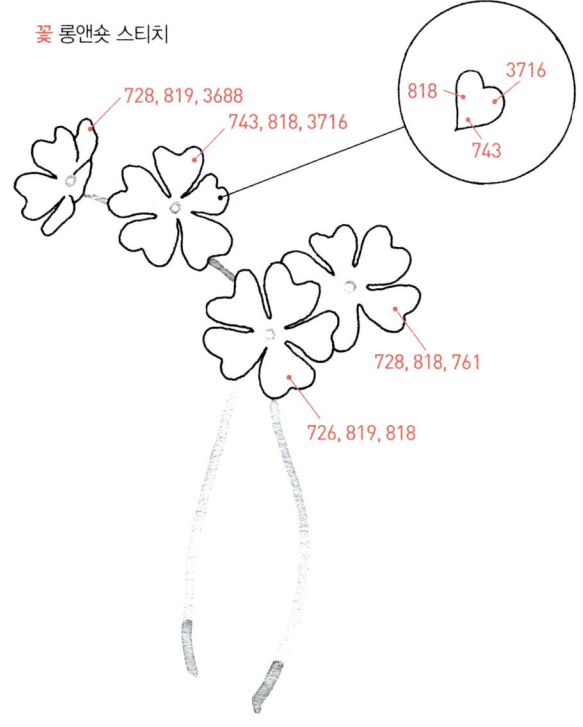

728, 819, 3688
743, 818, 3716
818   3716
743
728, 818, 761
726, 819, 818

꽃술 프렌치넛 스티치(2겹, 4회 감기)

814

동 의 나 물

서정윤 시인은
기다림은 만남을 목적으로 하지 않아도 좋다고 했지만,
나는 야생화에 한해서만큼은
기다림은 반드시 만남을 목적으로 해야 된다고 생각한다.
작년 봄, 한국자생식물원에 갔다가
만나지 못하고 돌아온 아이가 바로 이 동의나물이다.
오대산 자락이라 이때쯤이면 꽃을 보겠지 마음 놓고 갔는데
나를 반긴 건 빈 꽃대와 무성한 잎뿐이었다.
아, 그 순간의 참담함이란!
야생화는 한순간 피었다 기다리지 않고 가버린다.
그러니 그 시기를 맞추기란 여간 어려운 게 아니다.
그렇게 가버리면 또 일 년을 기다리는 수밖에 없다.
그래서 그 기다림의 끝은 반드시 만남이어야 한다고 말한다.
그런데 가끔, 야생화가 아니어도
기다림은 만남을 목적으로 하고 싶을 때가 있다.

How to Stitch
 동의나물

바탕천	무명
실 번호	581, 704, 726, 727, 728, 742, 743, 3820

만들기

도안

수놓기

꽃 롱앤숏 스티치

꽃술 프렌치넛 스티치(2겹, 3회 감기)

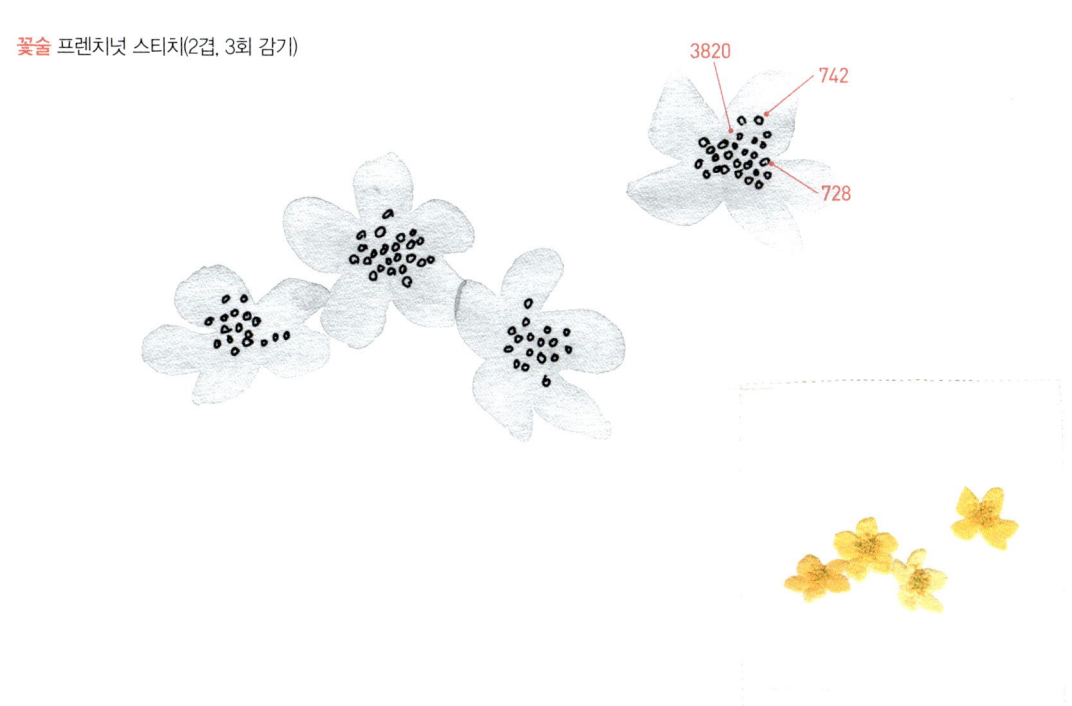

홀아비바람꽃

시골집 앞으로 깨끗한 물이 흐르는 도랑이 있었다.
그 도랑을 건너야 학교 운동장으로 나가고
또 마을에 하나뿐인 구판장에도 갈 수 있었다.
봄이 되면 그 도랑가 뽕나무에는 탐스럽게 오디가 익었다.
우리 집 오디만 익는 게 아니라 도랑 따라 심어져 있는
모든 뽕나무의 오디가 약속이라도 한 듯 한꺼번에 떨어져
도랑물을 타고 두둥실 우리 집 앞까지 떠내려 왔다.
그러면 나는 무릎까지 바지를 걷어 올리고
그 도랑물에 들어가 떠내려 오는 오디를 건져 먹었다.
처음에는 하나라도 놓칠까 작은 것까지 다 건졌는데
나중에는 끝도 없이 떠내려 오는 통에 큰 놈만 건져 올렸다.
그러다 오디 건져 먹는 것도 시들해질 즈음,
아주 가끔씩 꽃잎 하나가 떠내려 왔다.
그때에는 어려서 그 꽃잎이 어떤 꽃인지 알 수 없었다.
하얀 꽃잎이 떠내려 오길 숨죽여 기다리던 시간,
누가 내게 꽃잎을 보내주었을까?

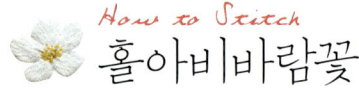 홀아비바람꽃

| 바탕천 | 리넨 |
| 실 번호 | 743, 745, 3348, 3820, 3865 |

 만들기

도안 80%

수놓기

꽃 롱앤숏 스티치

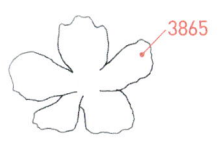
3865

꽃술 시딩 스티치(2겹)
씨를 뿌린 듯 짧게, 결의 방향은 엇갈리게 수놓는다.

3348
745
3820
743

벌깨덩굴

잎 모양이 들깻잎을 닮아서 벌깨덩굴이라 불린다.
숲 속 그늘진 곳을 좋아하고 어린 순과 잎은 나물로도 먹는다.

초등학교 5학년 여름방학 때 시골집에 갔다가
큰아버지 점심상을 차려드린 적이 있었다.
아마 큰엄마가 마을 부녀회 어른들과 여행을 가셨기 때문인 것 같다.
나는 텃밭에 나가 애호박을 따서 호박국도 끓이고,
부추 베어다가 오이랑 살살 무치고 아무튼 큰 엄마가 하시던 대로
성심껏 반찬을 준비했는데, 문제는 깻잎이었다.
어린 깻잎 순을 따다 기름을 두르고 아무리 볶아도 숨이 죽질 않았다.
오히려 볶으면 볶을수록 더 질겨져서 나중에는 나일론 심줄 같았다.
결국 깻잎과의 씨름에서 완패한 나는
점심때가 한참이나 지나서야 큰아버지께 진짓상을 차려드렸다.
설마 큰아버지께서 그 이유를 아실까 볼멘소리로 여쭤봤더니
깻잎은 먼저 삶은 다음에 볶는 거라고 일러주셨다.
나는 지금도 깻잎만 보면 그때 그 사투가 떠올라 웃음이 난다.

 *How to Stitch*
벌깨덩굴

바탕천	리넨
실 번호	155, 156, 157, 159, 320, 340, 341, 367, 502, 522, 523, 772, 793, 809, 3363, 3364, 3747, 3753, 3834, 3839, 3865

만들기

도안 80%

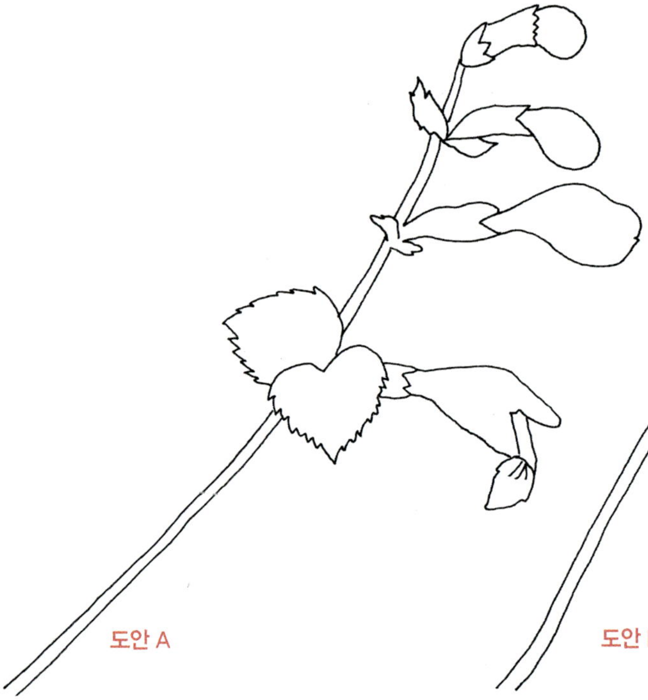

도안 A

도안 B

수놓기 A

줄기 아웃라인 스티치

523, 522

꽃・꽃봉오리 롱앤숏 스티치

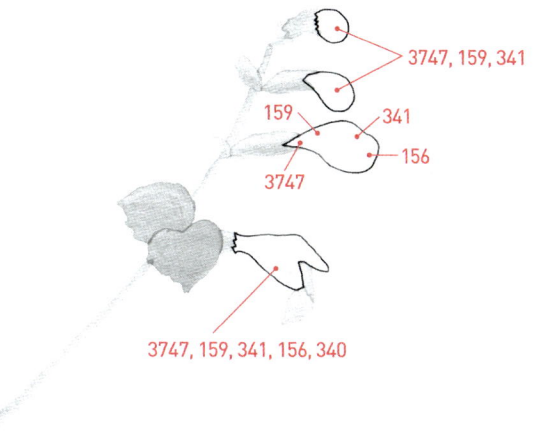

3747, 159, 341
159
341
3747
156
3747, 159, 341, 156, 340

꽃술 롱앤숏 스티치
point는 스트레이트 스티치로 수를 놓는다.

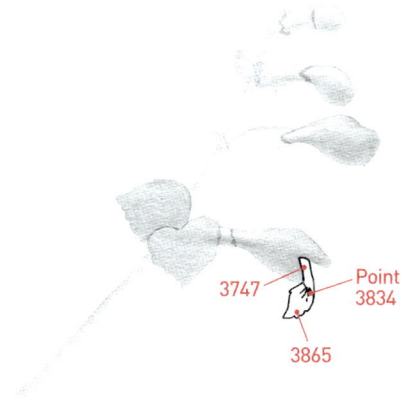

3747
Point 3834
3865

꽃받침 롱앤숏 스티치

523
772

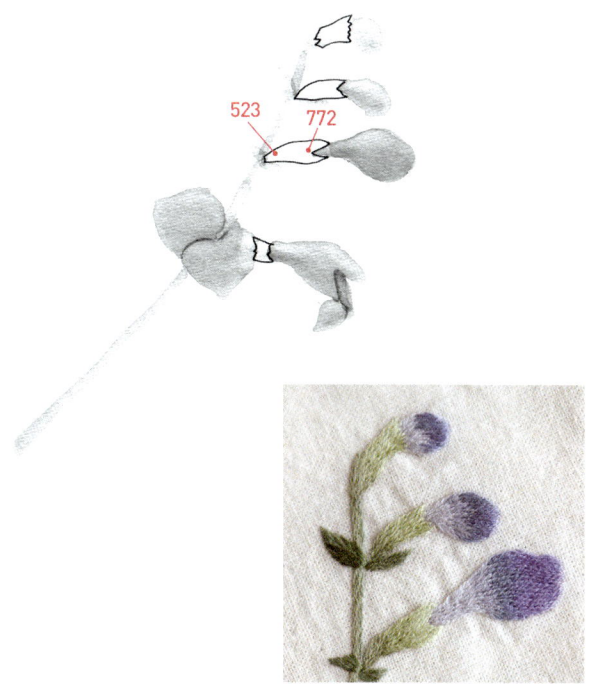

잎 롱앤숏 스티치

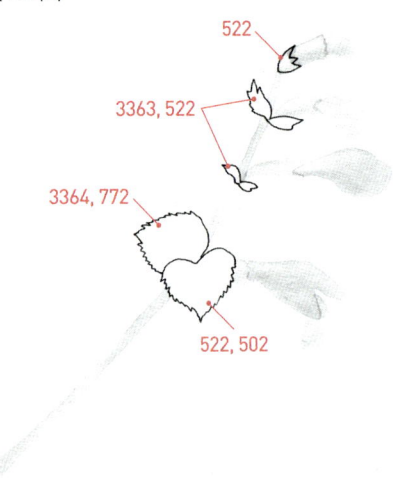

522
3363, 522
3364, 772
522, 502

수놓기 B

줄기 아웃라인 스티치

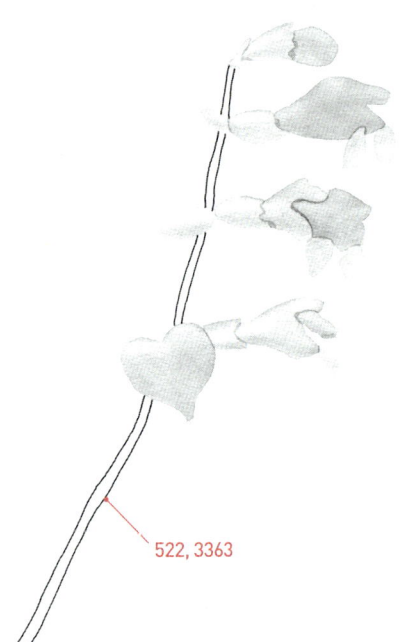

522, 3363

꽃·꽃봉오리 롱앤숏 스티치

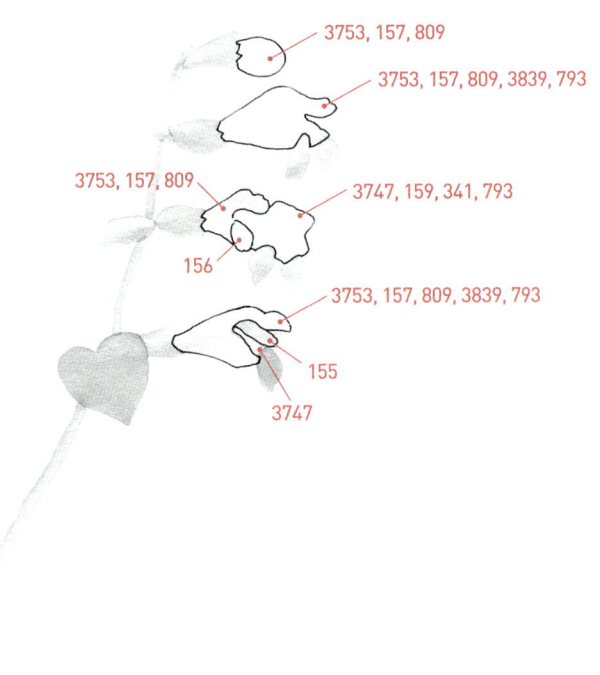

3753, 157, 809
3753, 157, 809, 3839, 793
3753, 157, 809
3747, 159, 341, 793
156
3753, 157, 809, 3839, 793
155
3747

꽃술 롱앤숏 스티치
point는 스트레이트 스티치로 수를 놓는다.

꽃받침 롱앤숏 스티치

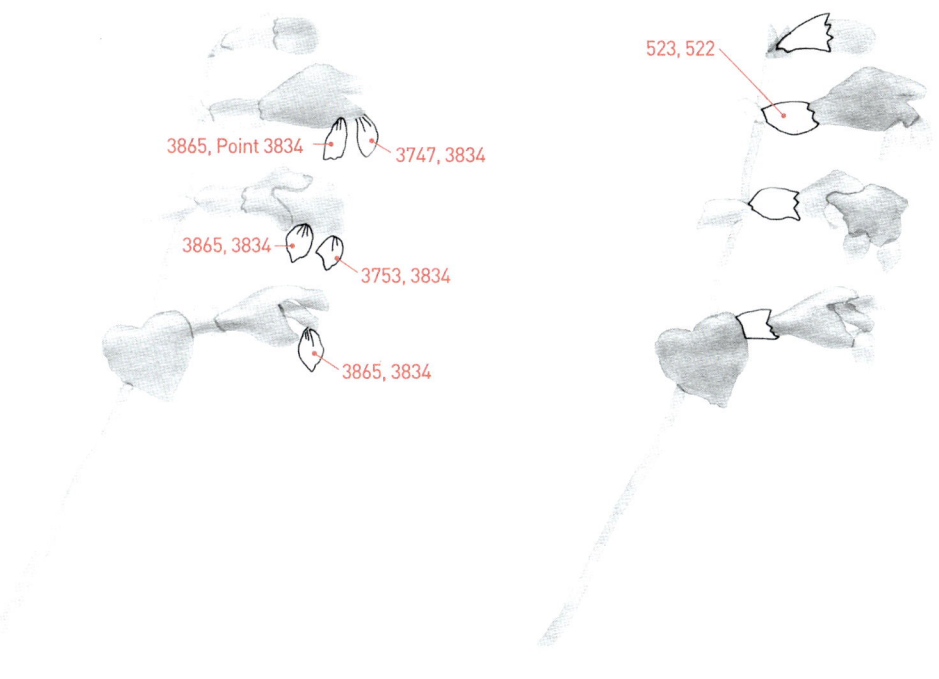

3865, Point 3834 — 3747, 3834
3865, 3834 — 3753, 3834
3865, 3834

523, 522

잎 롱앤숏 스티치

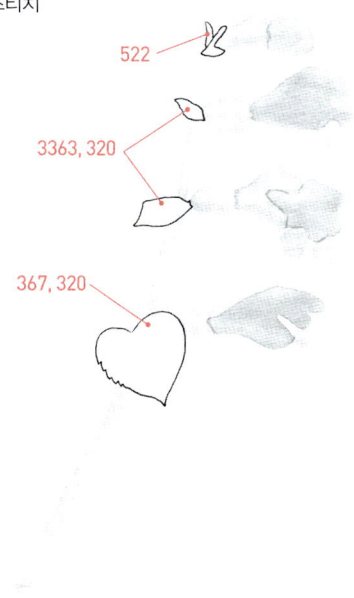

522
3363, 320
367, 320

두메양귀비

"뭐야, 이렇게나 색이 많이 들어갔어?
내가 보기에는 노란색이랑 흰색뿐인데
근데 얘네 너무 고독해 보인다.
옆으로 줄기 몇 개 더해주면 안 돼?
너무 쓸쓸해 보여."

놀러왔던 후배가 두메양귀비를 보고 한마디 한다.
그도 그럴 것이 무명 두 자에 이 아이들 둘뿐이다.
나도 이 아이들이 쓸쓸해 보이기는 마찬가지다.
수를 놓으며 가끔 그런 생각을 했다.
내 마음도 내 가슴에 있을 때만 내 것인 것처럼
이 아이들이 내 품을 떠나 다른 이의 가슴에 자리하게 되면
그때부터는 이제 그 사람만의 이야기가 되는 것이다.
함께 있을 때면 가끔씩 나에게 말을 걸어오던 이 아이들이
이제는 어느 누구의 꽃이 될까 마음이 애잔하다.
부디 아껴주시길.

How to Stitch
두메양귀비

바탕천	무명
실 번호	164, 320, 367, 369, 725, 742, 744, 745, 746, 3047, 3363, 3364, 3820, 3821, 3822, 3823, 3865

만들기

도안 80%

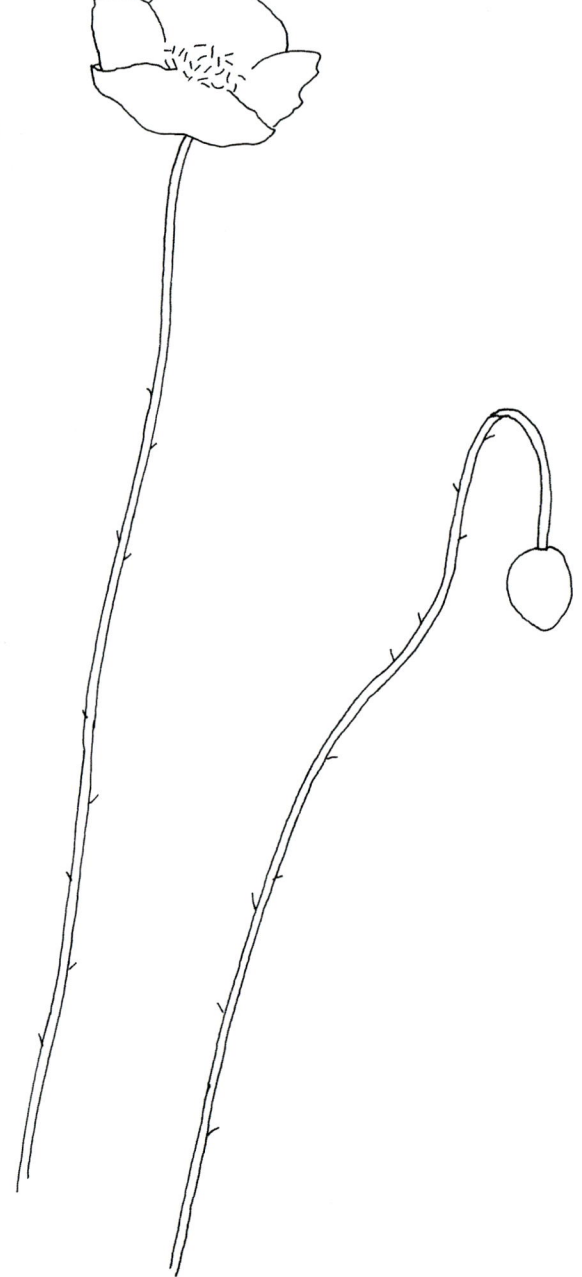

수놓기

줄기 아웃라인 스티치

3364, 3363, 320

3363, 320, 367

털 스트레이트 스티치

164

369

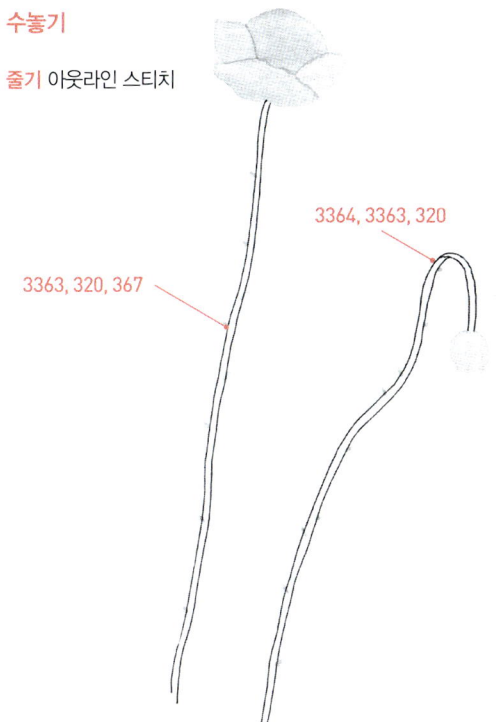

꽃 롱앤숏 스티치

3047, 746, 3823

745, 3823

745, 3823

3823

746

3047

3822, 744, 745, 746, 3865

꽃술 시딩 스티치(2겹)
씨를 뿌린 듯 짧게, 결의 방향은 엇갈리게 수놓는다.

3821

725

742

3820

꽃봉오리 롱앤숏 스티치

320

3363

3364

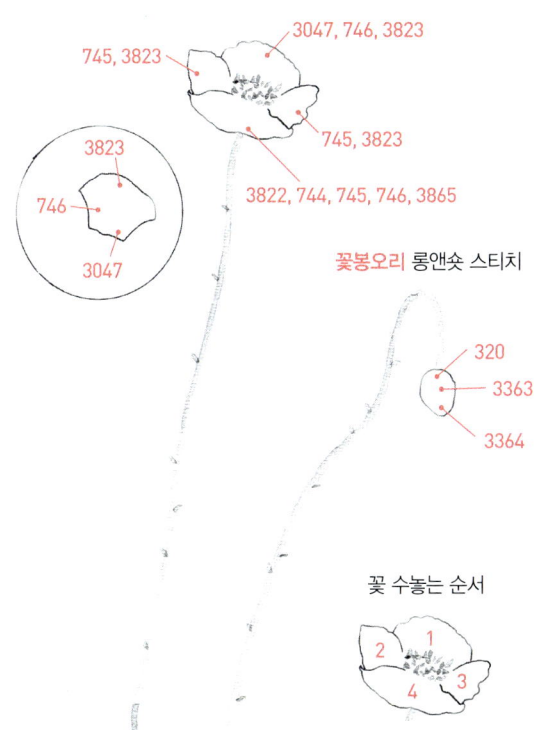

꽃 수놓는 순서

2 1
   3
4

개망초

마타리

도라지

술패랭이

고려엉겅퀴

참취

오이풀

대구으아리

Part 2
그리움, 꽃이 되다

큰 개울가 낡은 다리를 건너
패랭이꽃 많았던 친구 집 가는 그 길,
산도라지 꽃이며 칡넝쿨 부끄러이 손 내밀던 길,
친구를 기다리며 애꿎은 강아지풀만 잡아 뽑던 그 길,
그 길이 두고두고 그립습니다.

개망초

시골 학교는 교감 선생님도 담임 선생님이셨다.
첫날부터 서울 학교와는 모든 게 달랐던 시골 학교가 싫어
다시 서울로 전학 보내달라고 떼를 쓰던 날
고열감기로 학교도 결석하고 온종일 누워 있는데
캄캄한 밤, 누군가 문 밖에서 내 이름을 불렀다.
손수건으로 연신 얼굴을 훔치시며 교감선생님께서 건네주신 건
작은 유리병 속에 담긴 토종별꿀.

하루에 버스도 몇 차례 들어오지 않던 시절이라
감기약을 구한다는 건 매우 어려운 일이었는데,
나를 위해 자전거를 타고 한 시간여를 달려오신 선생님,
소아마비를 앓아 불편하신 다리로 캄캄한 신작로를
달려오셨을 생각을 하니 투정만 부린 내가 너무 부끄러웠다.
다음 날 아침, 등굣길에 하얀 개망초를 꺾어
작은 병에 꽂아 선생님 책상 위에 올려 두었다.
내 마음도 환하게 웃었다.

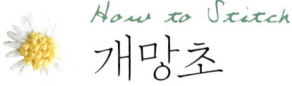
How to Stitch
개망초

바탕천	광목
실 번호	163, 320, 367, 368, 502, 520, 522, 725, 726, 3346, 3363, 3364, 3822, 3865

만들기

도안

수놓기

줄기 아웃라인 스티치

가지 · 잎 · 꽃받침
가지 아웃라인 스티치 **잎** 새틴 스티치
꽃받침 새틴 스티치
색깔별로 가지, 잎, 꽃받침을 수놓는다.

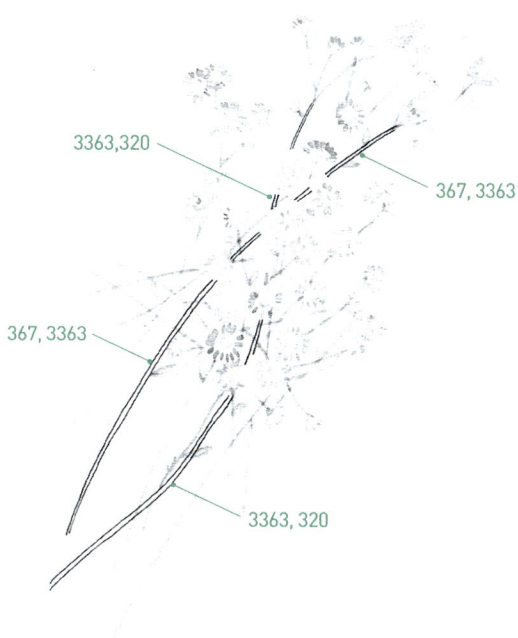

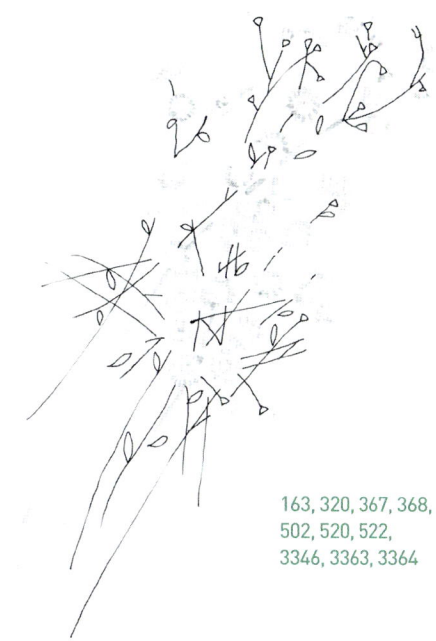

꽃술 프렌치넛 스티치(2겹, 1회 감기)

꽃 스트레이트 스티치(2겹)

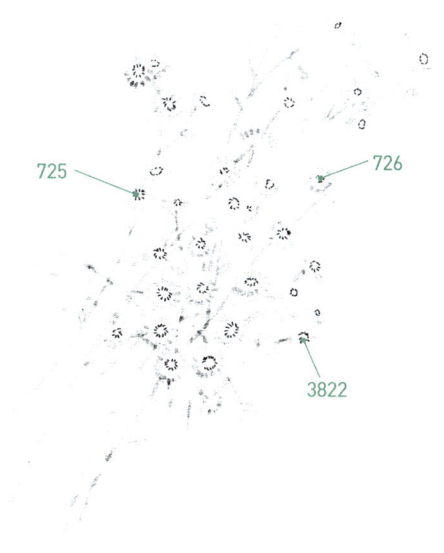

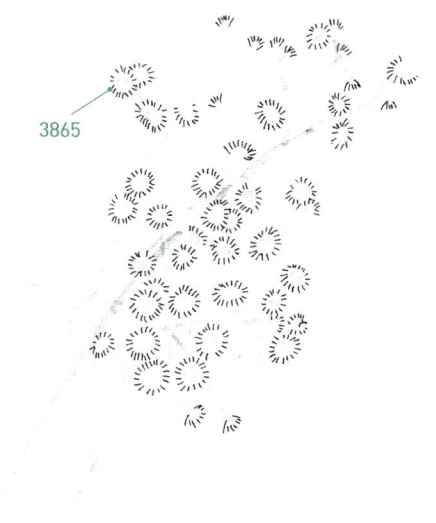

마 타 리

푸르스름한 땅거미가 마당 가득 내려앉을 무렵이면
큰아버지께서는 등 지게에 한가득 꼴을 베어 오셨다.
그리고 소에게 먼저 저녁을 먹이고 진짓상을 받으셨다.
진작부터 배가 고팠던 나는 김이 무럭무럭 나는 여물을
우적우적 먹고 있는 녀석들이 밉기도 하고
한편으로는 소가 사람보다 먼저 밥을 먹는 게 이상하다고 생각했다.
한번은 이 녀석들이 어찌나 먹음직스럽게 여물을 먹는지
나도 조심스럽게 작은 볏집 하나를 꺼내 맛을 보았다.
퉤퉤~ 마른 풀냄새만 났다.
이런 걸 맛있게 먹고 있는 누렁소가 어쩐지 안됐다는 생각마저 들었다.
큰아버지의 등 지게에 한가득 담겨 있던 건 풀이 아니라 사랑이었다.
우리 집 누렁 소가 그 큰 덩치에도 복실이보다 순한 건
아마도 큰아버지의 사랑을 먹고 자라서 그런 거라 생각했다.

How to Stitch
마타리

바탕천	리넨
실 번호	320, 725, 744, 840, 3013, 3053, 3346, 3362, 3363, 3782, 3820, 3821, 3822

만들기

도안

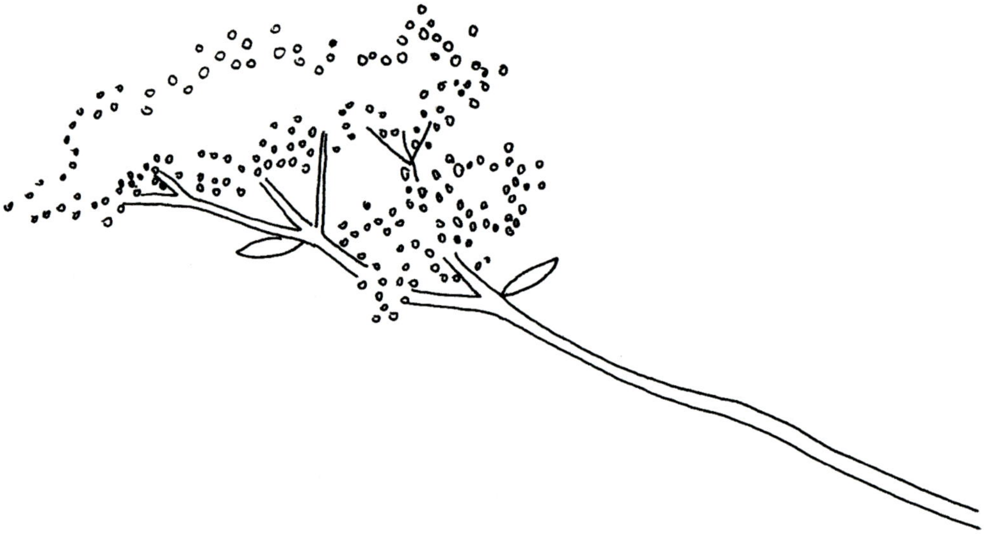

수놓기

줄기 · 가지 아웃라인 스티치

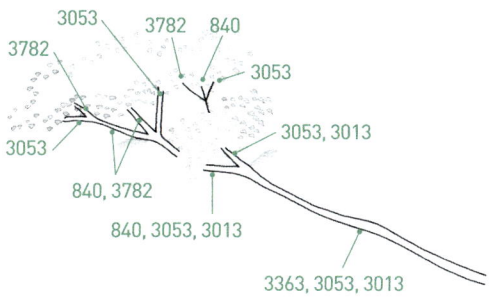

잎 아웃라인 스티치

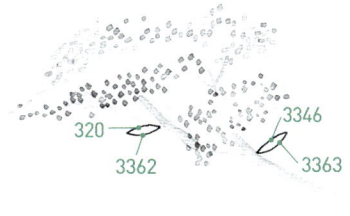

꽃 프렌치넛 스티치(2겹, 2회 감기)

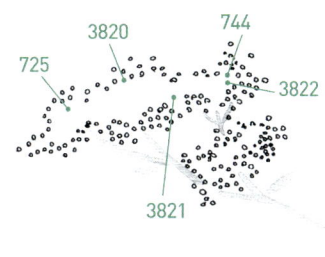

73

도 라 지

뒤란에서 불어오는 서늘한 바람이
슬그머니 대청마루를 내려와
길게 드러누운 봉당을 밟고
대문 밖으로 마실 나갈 즈음,
마당 건너편 마구간에는 눈매가 선한 암소 세 마리
나른한 오후를 되새김질 하고
마당을 가로지르는 낡은 빨랫줄에는
큰아버지, 큰엄마의 고단함이 펄럭인다.
가끔씩 날아오던 고추잠자리마저
바쁜 듯 이내 가던 길 재촉하고
장독대 그늘 아래 도라지 꽃망울도
기다림에 지쳐 하품을 하면
나처럼 심심한 복실이 녀석도
가슴 깊이 얼굴을 묻고 귀를 닫는다.
대청마루에 턱을 괴고 누웠다가
파란 하늘 속으로 스르륵 잠이 든
8월 어느 여름날의 오후.

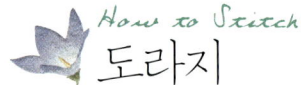
How to Stitch
도라지

바탕천	리넨
실 번호	157, 164, 320, 341, 368, 369, 522, 524, 744, 762, 772, 794, 799, 3347, 3363, 3364, 3753, 3822

만들기

도안 80%

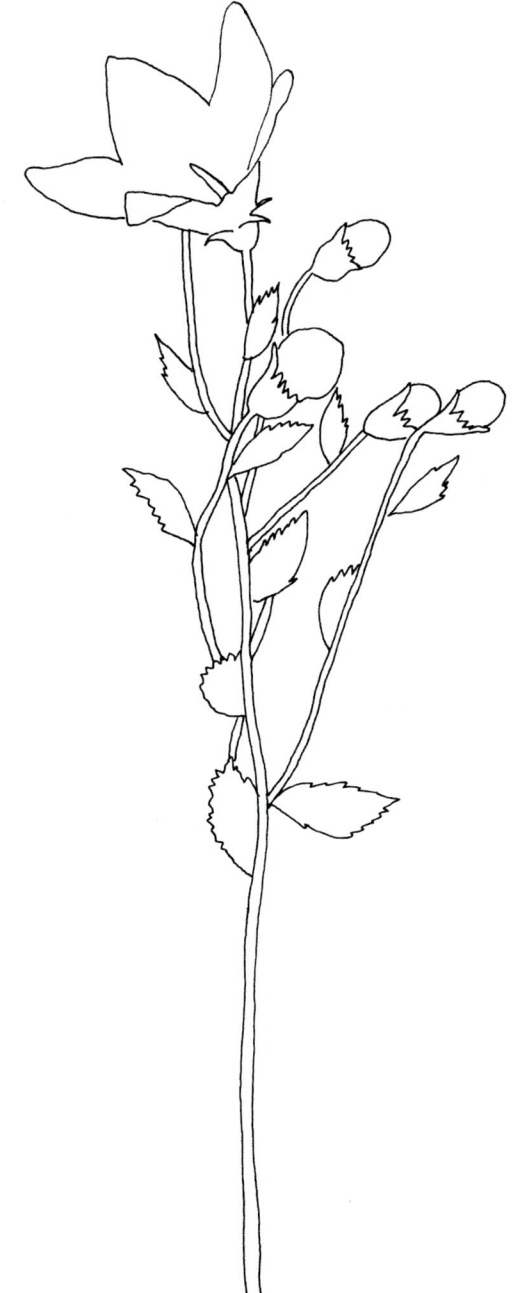

수놓기

줄기 · 가지
아웃라인 스티치

잎
롱앤숏 스티치

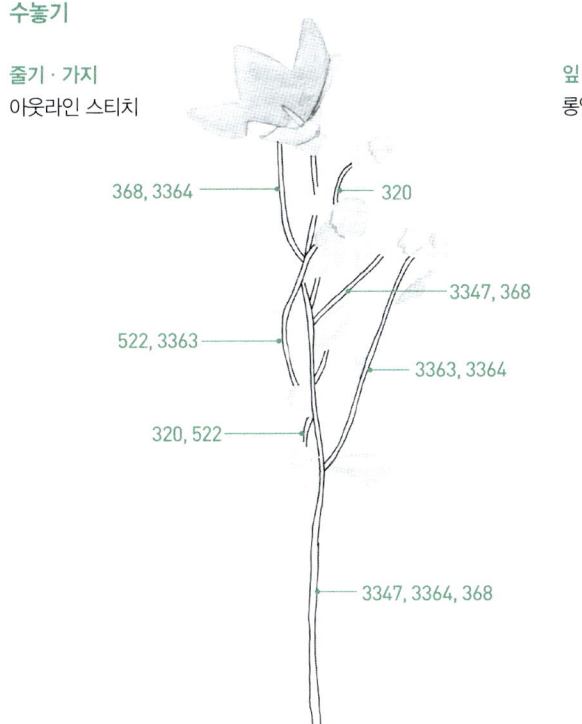
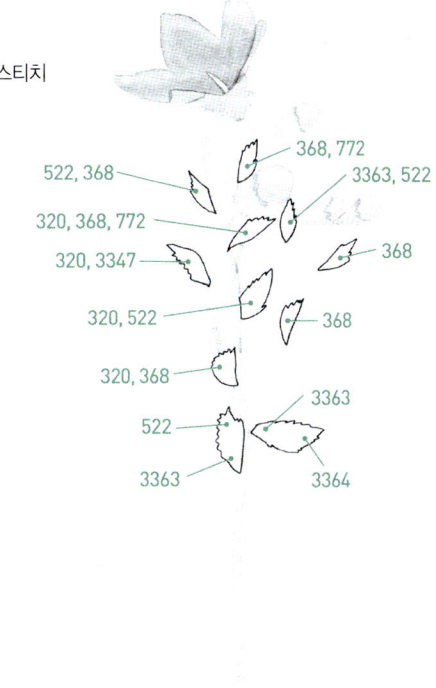

꽃 · 꽃봉오리
롱앤숏 스티치

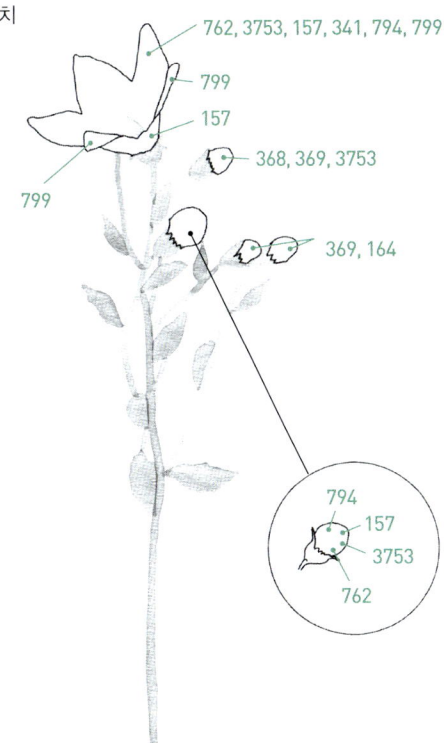

꽃술
블리온 스티치
(2겹+2겹 총 4겹)

꽃받침 롱앤숏 스티치

3822+744
4~6회 감기

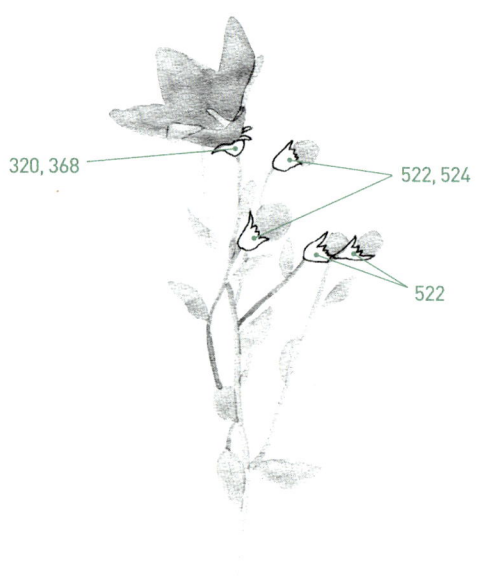

320, 368

522, 524

522

술패랭이

방학이면 달려갔던 시골 집에는
나를 기다려주는 친구가 있었다.
얼굴이 하얗고 예뻤던 동갑내기 내 친구.
큰 개울가 낡은 다리를 건너
패랭이꽃 많았던 친구 집 가는 길.
산도라지꽃이며 칡넝쿨 부끄러이 손 내밀던 그 길.
친구를 기다리며
애꿎은 강아지풀만 잡아 뽑던 그 길.
그 길이 두고두고 그립다.
살아가면서 마음 기댈 곳 간절할 때마다
친구를 만나러 가던 그 길이 떠올랐다.
패랭이가 몇 번을 다시 피고
이제는 내가 누군가의 기댈 곳이 되었지만
내 마음은 여전히 그곳을 서성인다.
패랭이꽃이 많이 피었던 친구 집 가는 길.

How to Stitch
술패랭이

바탕천	무명
실 번호	151, 153, 164, 368, 369, 502, 522, 523, 524, 761, 772, 776, 818, 819, 963, 966, 988, 3363, 3364, 3865

만들기

도안 40%

수놓기

줄기 아웃라인 스티치
색깔별로 줄기를 수놓는다.

522, 523, 524, 3363, 3364

꽃받침 롱앤숏 스티치
아래 색깔 중 2가지 색으로 꽃받침을 수놓는다.

368, 369, 502, 522, 523, 524, 772, 966

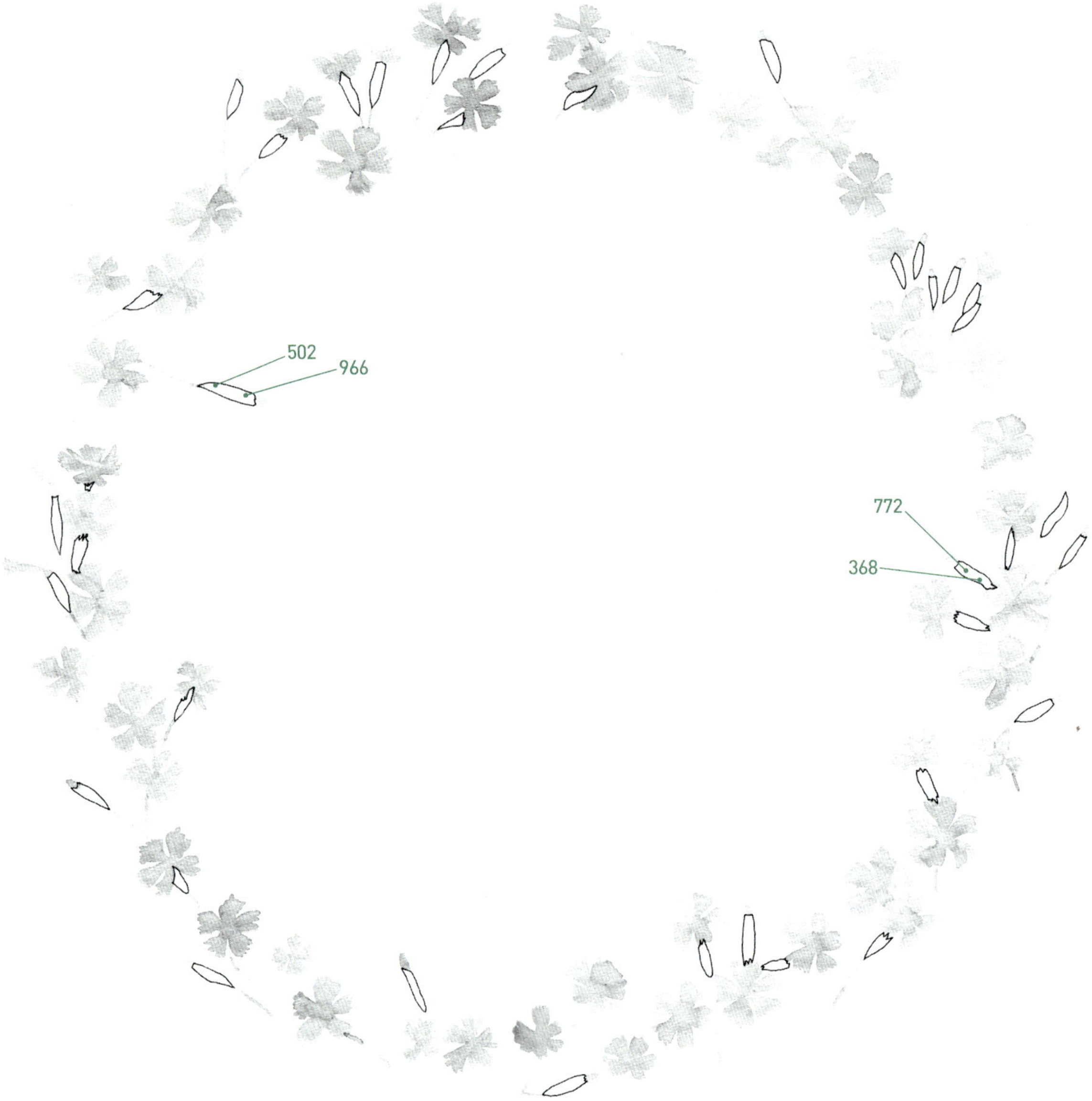

꽃·꽃봉오리
꽃 롱앤숏 스티치
가운데 3865번을 수놓은 다음, 색깔별로 6~7개씩 꽃을 수놓는다.

꽃봉오리 새틴 스티치
색깔별로 꽃봉오리를 수놓는다.

3865, 151, 153, 761, 776, 818, 819, 963

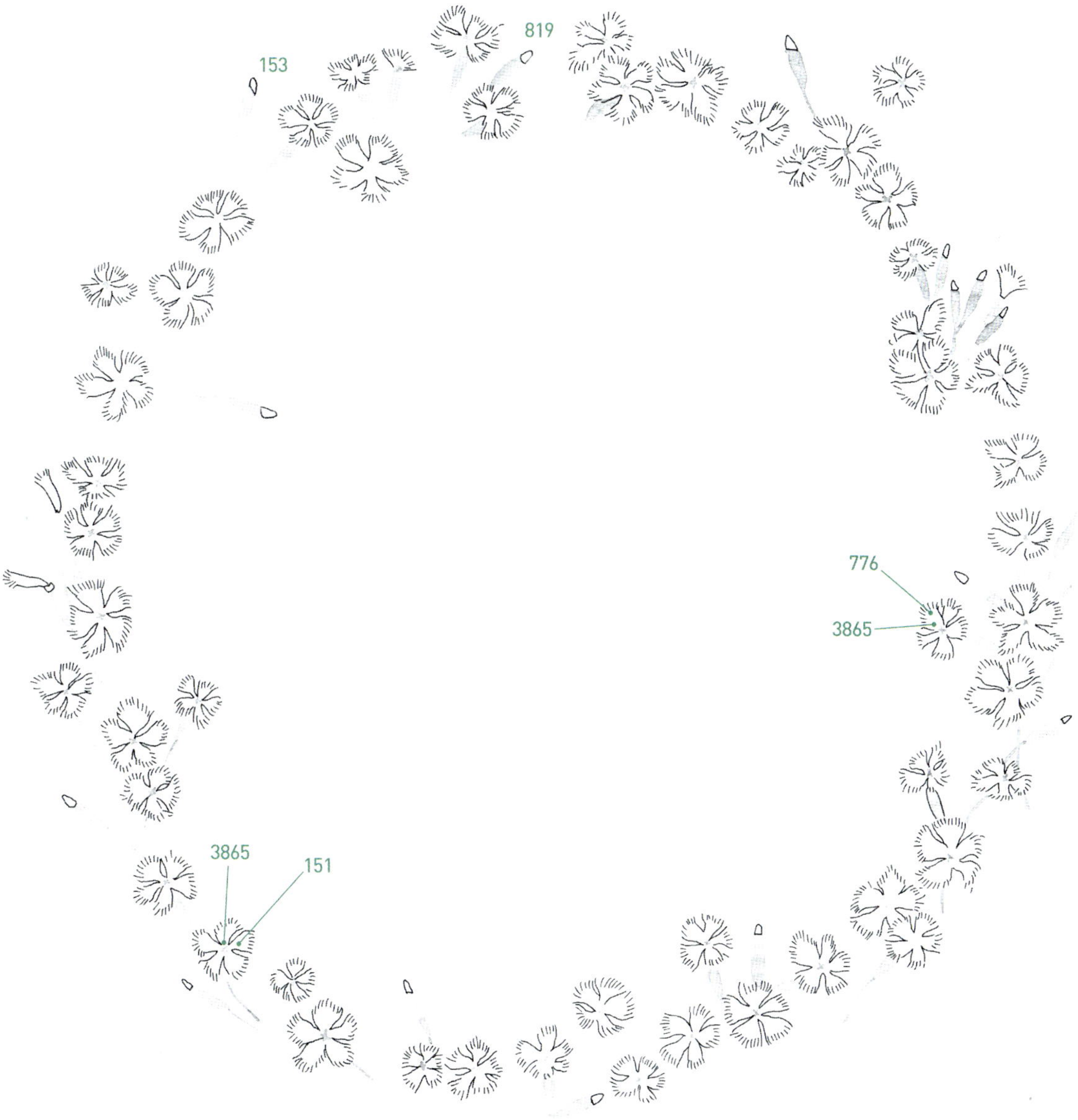

꽃술 크로스 스티치
색깔별로 꽃술을 수놓는다.

164, 522, 988

164
522

고 려 엉 겅 퀴

우리 논으로 가는 둔덕에는
엉겅퀴가 무리지어 피어 있었다.
명아주, 강아지풀같이 늘 봐오던 시시한 녀석들 사이로
머리를 곧장 세우고 한껏 우쭐대는 엉겅퀴를 처음 본 날,
어린 눈에도 신기해 보였는지 한참을 들여다보았다.
그러다 새참을 이고 저 만치 앞서가는 큰엄마를 놓칠세라
종종 걸음으로 뒤쫓아가던 기억이 난다.
집으로 갈 때는 일찌감치 달려와 더 자세히 보았는데
그래도 호기심이 안 풀렸는지 다음 날 다시 와서 봤다.
몇 해 전 시골집에 가보니
그 둔덕은 시멘트로 깨끗하게 포장이 되어 있고
보랏빛 엉겅퀴는 어디에서도 찾을 수 없었다.
하늘나라에 계신 우리 큰엄마는 알고 계실까?

How to Stitch
고려엉겅퀴

바탕천	광목
실 번호	153, 209, 210, 211, 327, 520, 522, 523, 524, 553, 554, 772, 3013, 3052, 3362, 3363, 3364, 3834, 3836

만들기

도안

수놓기

줄기 · 가지 아웃라인 스티치

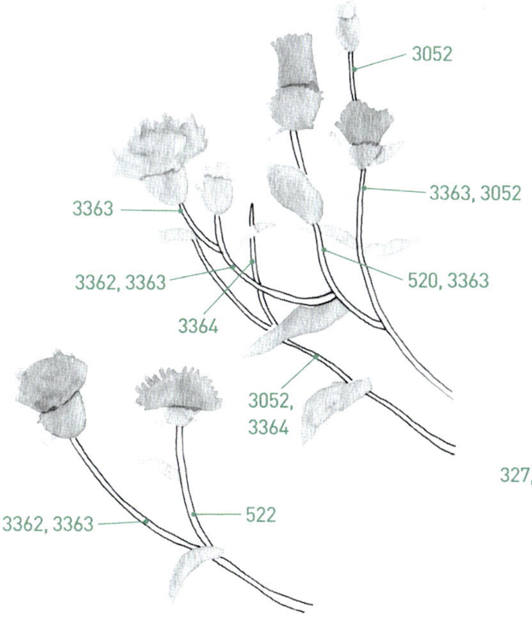

3052
3363, 3052
3363
3362, 3363
3364
520, 3363
3052, 3364
3362, 3363
522

꽃 스트레이트 스티치

211, 553
327, 553, 209, 153
3834, 3836, 554, 153
209, 210, 211
554, 153
553, 209, 554, 211
327, 553, 209, 554, 210

209 554
553   211

91

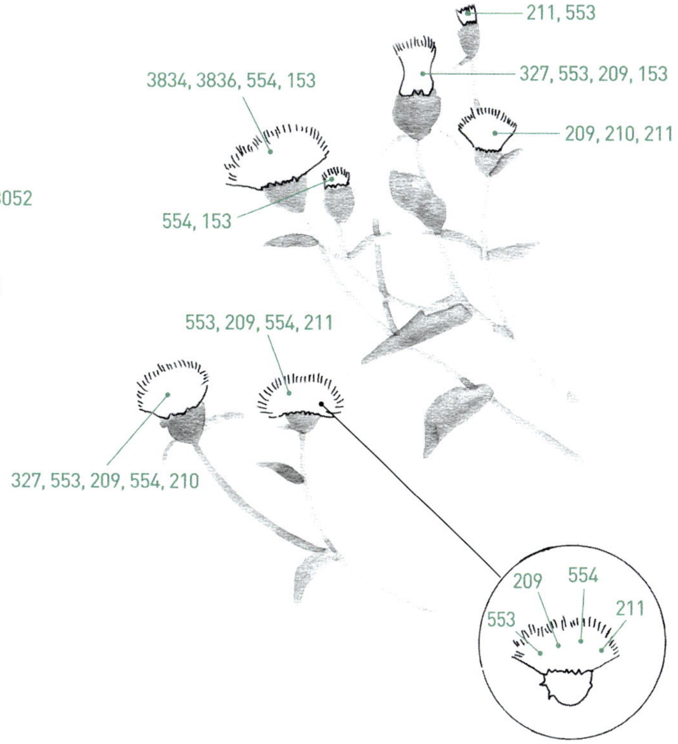

꽃받침 롱앤숏 스티치(2겹)　　　　　**잎** 롱앤숏 스티치

523, 524
3363, 522
3363, 523
520, 3363
3364, 3013
3052, 523
3363, 3364
3013
3364

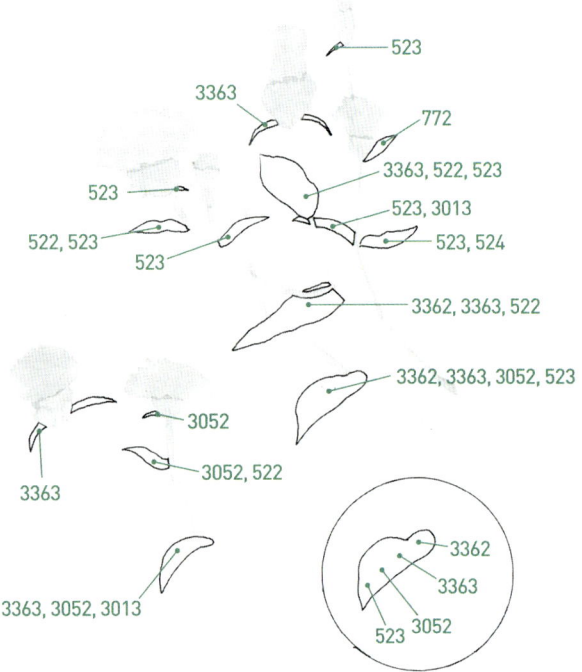

523
3363
772
3363, 522, 523
523
523, 3013
522, 523
523
523, 524
3362, 3363, 522
3362, 3363, 3052, 523
3052
3363
3052, 522
3363, 3052, 3013
3362
3363
523　3052

참취

뒷산 비탈 밭에 김매러 가신 큰엄마의
새참 광주리를 머리에 이고 나서는 큰언니 따라
물주전자 달랑 들고 앞장서 뛰어가면
큰언니는 어느새 풋고추 몇 개를 뚝뚝 따 광주리에 넣고
뛰면 넘어진다고 가는 내내 몇 번을 소리쳤다.
대추나무 길게 늘어선 둔덕을 지날 때면
익지도 않은 풋대추 제일 큰 놈으로 골라
한 입 베어 물었다 이내 던져 버리고,
볼 때마다 새파란 솜털 숭숭 개복숭아
언제쯤 먹을 수 있을까 입을 삐죽거렸다.
큰언니가 나무그늘 아래 새참을 펼치면
큰엄마는 어디선가 산더덕이며 취나물을 뜯어 오셨다.
흰 조각구름도 우리가 부러웠는지 넌지시 내려다보던
세상에서 제일 귀한 산중의 만찬!

How to Stitch
참취

바탕천	리넨
실 번호	520, 522, 523, 523, 646, 728, 738, 935, 3362, 3363, 3787, 3821, 3865

만들기

도안

수놓기

줄기·가지 아웃라인 스티치
색깔별로 나머지 가지를 수놓는다.

520, 522, 646, 3362, 3363

잎 롱앤숏 스티치

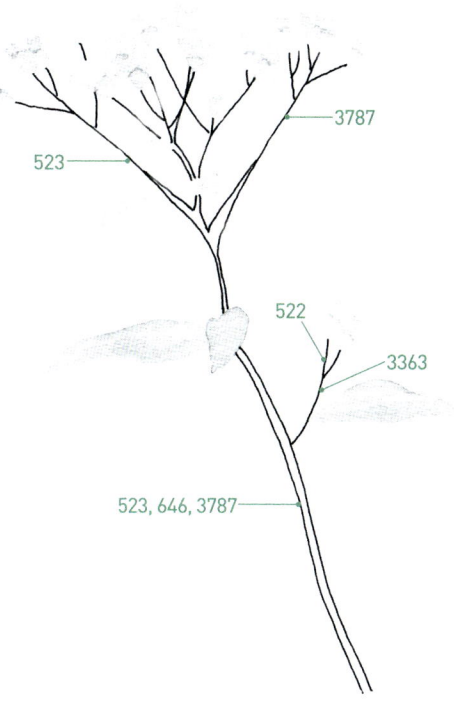
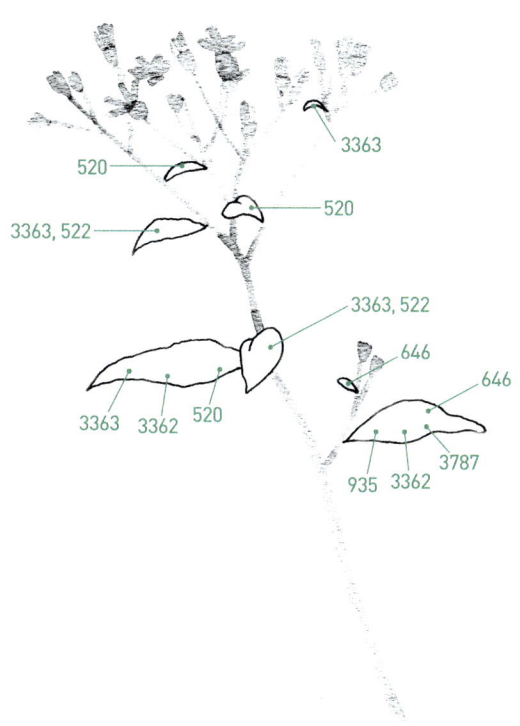

97

꽃 · 꽃봉오리 · 꽃술

꽃 레이지데이지 스티치(2겹)+스트레이트 스티치(2겹)
꽃봉오리 스트레이트 스티치(2겹)
꽃술 프렌치넛 스티치(2겹, 1회 감기)

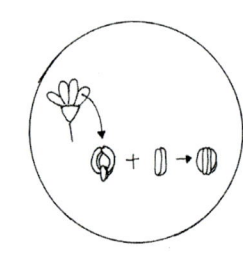

꽃받침 새틴 스티치(2겹)
색깔별로 꽃받침을 수놓는다.

꽃봉오리 3865
꽃 3865
738
728 3821
꽃술
3865

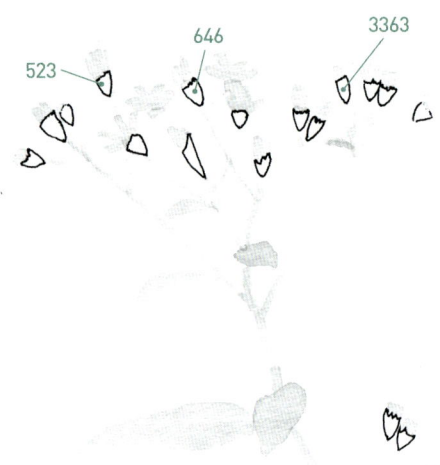

523 646 3363

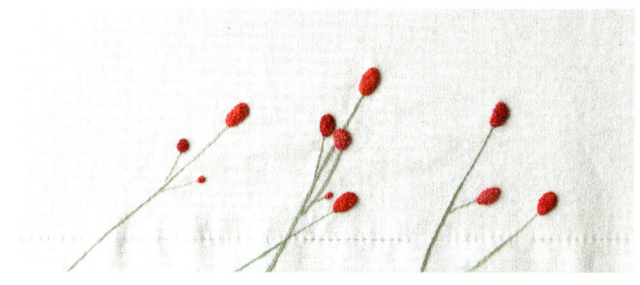

오이풀

한차례 소나기가 지나간 휴일 아침,
우리는 마을 뒷산에 걸린 무지개를 찾아나섰다.
처음으로 집을 떠나 걷고 또 걸으며
말은 하지 않았지만 불안했던 마음.
반나절을 걸어도 산은 여전히 그 자리에 있고
어느새 나타난 장난꾸러기 해님에게
쑥스러운 듯 자리를 양보한 무지개다리.
힘없이 집으로 되돌아오던 길에
같은 반 친구가 손짓을 해 달려갔더니
차가운 우물물에 씻은 새빨간 딸기를 내민다.

그 후로는 더 이상 무지개를 찾아나서지 않았지만
지금도 가끔 초록 숲 언저리에 걸린 무지개를 보면
무지개를 찾아 떠났던 어린 날의 발걸음이 느껴진다.
손을 뻗으면 무지개에 닿을 꺼라 믿었던
열 살 무렵의 내 마음!

How to Stitch
오이풀

바탕천	리넨
실 번호	309, 320, 326, 367, 523, 777, 3052, 3350, 3362, 3363, 3364

만들기

도안 80%

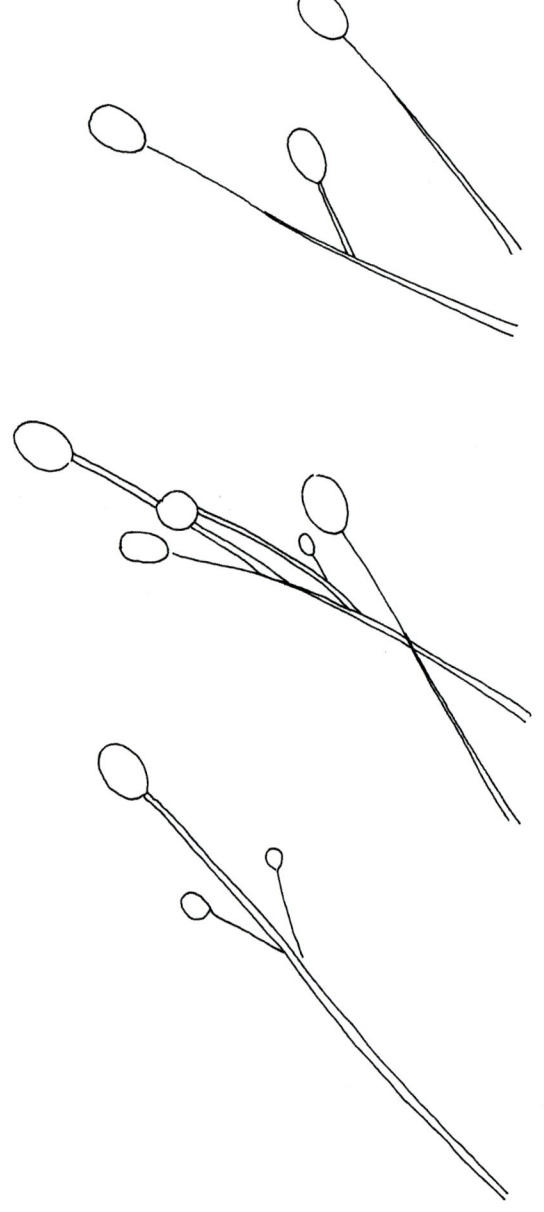

수놓기

줄기 아웃라인 스티치

꽃 프렌치넛 스티치(2겹, 1회 감기)

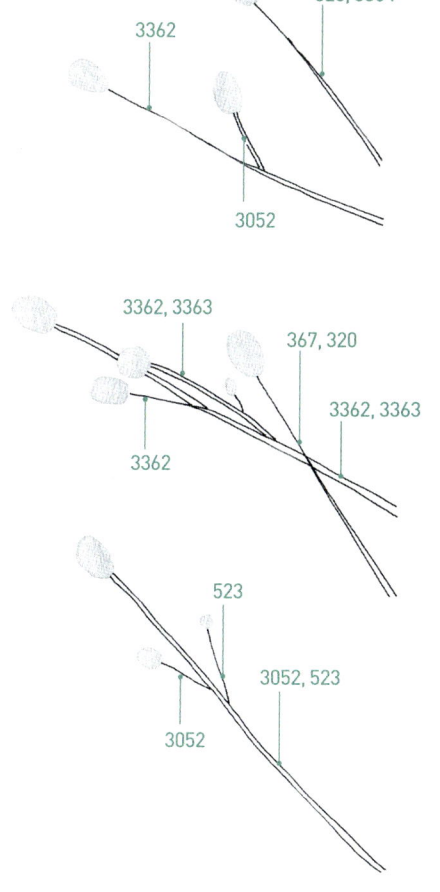

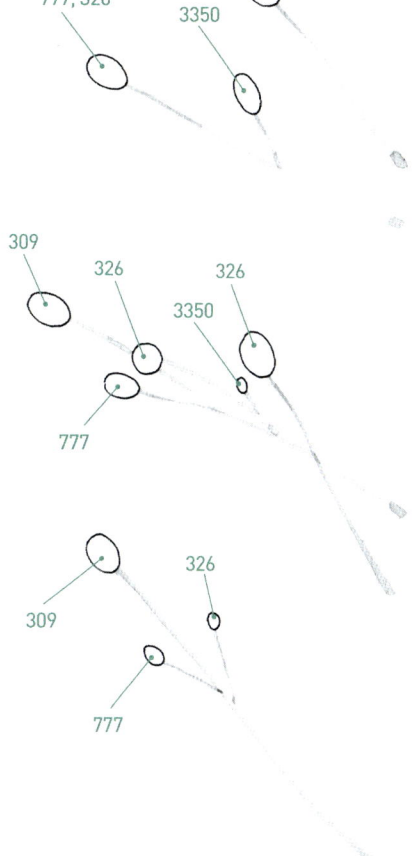

대 구 으 아 리

안 내 문

본교는 1963년 11월 12일 개교한 이래
246명의 재학생들이 오순도순 공부하던 값진 배움의 전당이었습니다.
농촌인구수 감소에 따라 부득이 1999년 9월 1일
정부방침에 의거 교문을 닫게 되었습니다.
홍천군 화촌면 군업리 827-2번지 바로 이곳이…….

1980년 8월 ~ 1981년 7월

내가 시골 초등학교의 학생이었던 시간은 불과 1년이었지만,
그 시간 동안 경험했던 아름다운 추억들은
이 세상 그 무엇과도 바꿀 수 없다.
내게 그 시간을 선물한 모든 분들께 감사드린다.

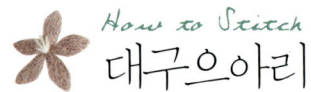
대구으아리

바탕천	무명
실 번호	168, 453, 522, 523, 524, 739, 746, 803, 827, 927, 3052, 3053, 3072, 3078, 3345, 3346, 3362, 3363, 3364, 3743, 3747, 3799, 3861

만들기

도안 80%

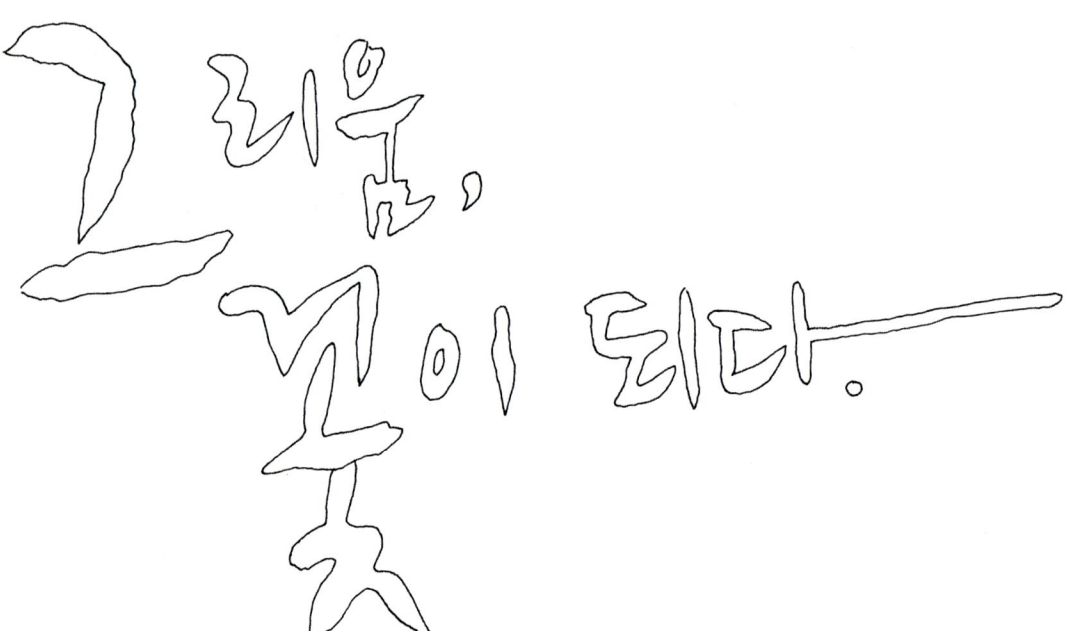

그리움,
꽃이 되다.—

글씨 아웃라인 스티치
그리움, 이 되다.— 3799번
꽃 – 803번

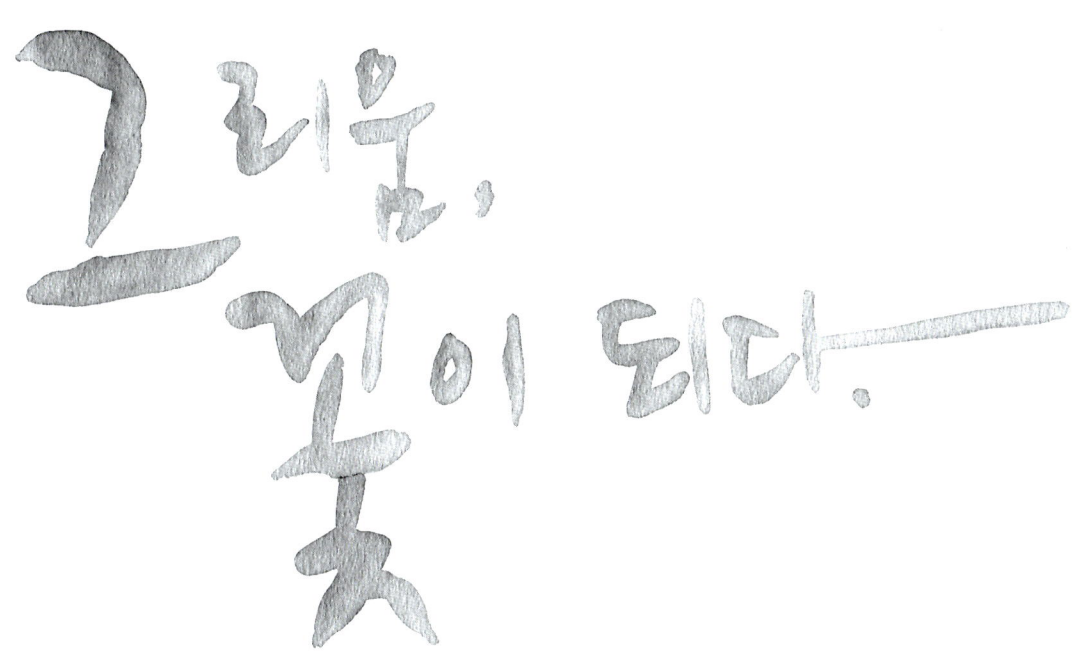

도안 33%

수놓기

줄기 아웃라인 스티치
색깔별로 줄기를 수놓는다.

3362
3363
3364

109

잎 롱앤숏 스티치
아래의 색깔로 나머지 잎도 수놓는다.

524
522
3363

3345, 3346

523
3363　522
3362　3053
　　　3364

3363
3362　522
　　　3364
　　　3053

3052, 3053
3364, 523

그리움,
꽃이 되다.

꽃 롱앤숏 스티치
색깔별로 4~5개씩 꽃을 수놓는다.

168, 453, 524, 739, 827, 927,
3072, 3743, 3747, 3861

꽃술 스트레이트 스티치(2겹)

3078   746

분홍구절초

동자꽃

흰금강초롱

쑥방망이

솔나리

각시취

연잎/연밥

솟대

Part 3
꽃으로도 하지 못한 말

보잘것없는 풀꽃이라 해도
어떤 날은 꽃대에 기대어 쉬기도 했고
또 어떤 날은 꽃잎에 엎드려 울기도 했다.

분홍구절초

꽃처럼 향기로운 사람이 있다.
마주하고 있으면 차나무의 어린잎 차를 마신 듯
그 향기에 동화되어 내가 찻물이 되고 바람이 된다.
강의를 하면서 만난 분들이 꼭 그랬다.
야생화만큼이나 고와서 나도 모르게 마음이 갔다.
꾸밈없이 소박한 그 향기는 어디에서 오는 걸까.
나는 자꾸 자꾸 그 향기에 이끌렸다.
그리고 그 향기는 상대방을 배려하는
따뜻한 마음에서 우러나온다는 것을 알았다.
야생화 자수 강의를 하면서
가슴에 무엇을 품고 살아야하는지 어렴풋이 알게 되었다.
꽃처럼 살아야 향기로운 사람이 된다는 것을.

How to Stitch
분홍구절초

바탕천	광목
실 번호	151, 535, 611, 642, 645, 646, 819, 963, 3052, 3326, 3689, 3713, 3781, 3787, 3821

만들기

도안 80%

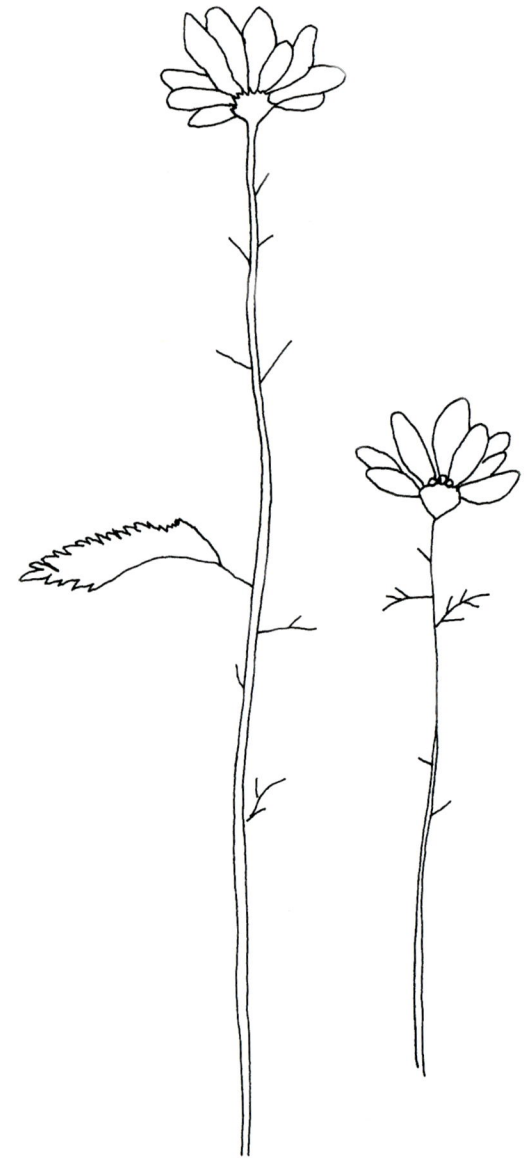

수놓기

줄기·가지 아웃라인 스티치
색깔별로 가지를 수놓는다.

잎 롱앤숏 스티치

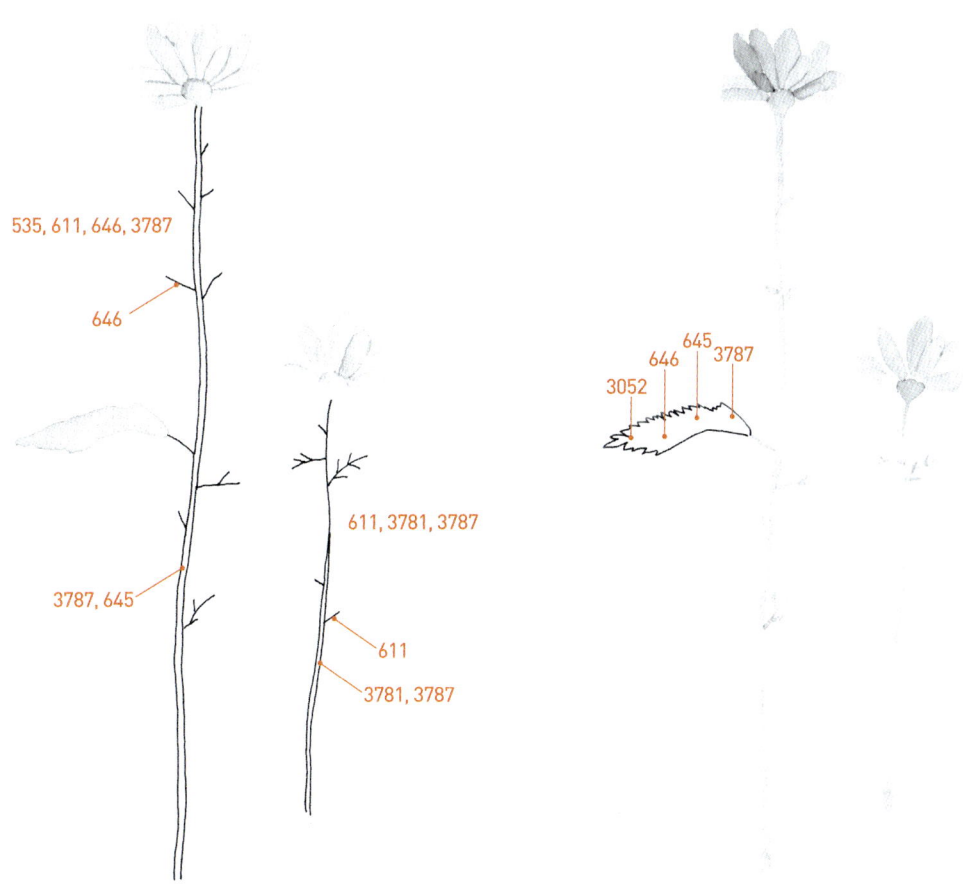

꽃 롱앤숏 스티치
꽃잎마다 다른 색깔로 꽃을 수놓는다.

꽃술 프렌치넛 스티치(2겹, 1회 감기)

819
963
3689
151

151, 819, 963,
3326, 3689, 3713

3821

꽃받침 롱앤숏 스티치

3052

642

동자꽃

뒷동산에 해가 질 무렵이면
함께 놀던 아이들은 하나둘씩 집으로 가고
나만 혼자 덩그러니 남아
넓다란 학교 운동장 곳곳에 동그라미를 그렸다.
그러는 사이 칠흑 같은 어둠은
내 발목까지 차오르고
큰아버지의 카터기 소리에 놀란 굴뚝에서는
하얀 연기가 피어올랐다.
그때 운동장 구석에서 복실이라도 달려 나오면
내가 더 반가워 몇 번이나 머리를 쓰다듬고
앞서거니 뒤서거니 집으로 들어왔다.

동자꽃은 슬픈 전설이 있다.
그런 동자꽃을 수놓기까지 참 많이 망설였다.
이제는 이 아이가 아프지 않았으면 좋겠다.

동자꽃

바탕천	광목
실 번호	164, 350, 351, 520, 523, 772, 900, 3052, 3340, 3346, 3362, 3363, 3364, 3822, 3823

만들기

도안 80%

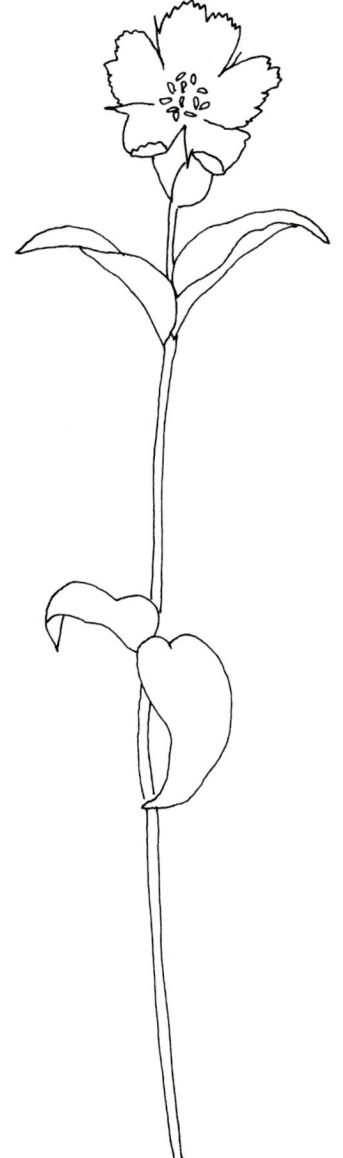

수놓기

줄기 아웃라인 스티치

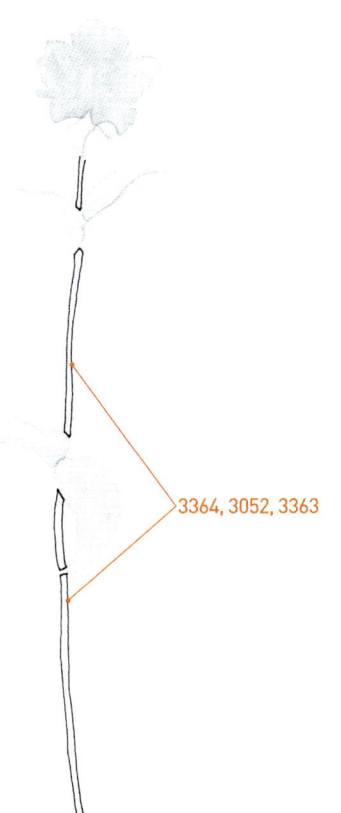

3364, 3052, 3363

잎 롱앤숏 스티치

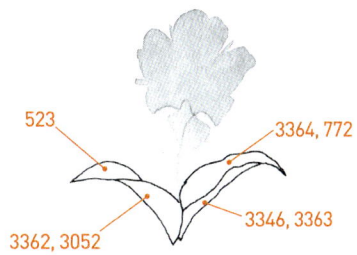

523
3364, 772
3362, 3052
3346, 3363

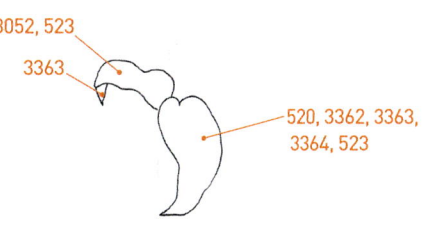

3052, 523
3363
520, 3362, 3363, 3364, 523

꽃받침 롱앤숏 스티치

3362, 3363　　3052, 523

꽃 롱앤숏 스티치

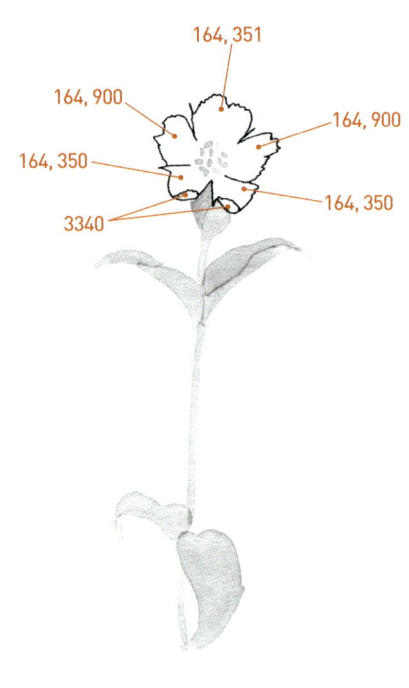

164, 351
164, 900　　164, 900
164, 350　　164, 350
3340

꽃술 시딩 스티치(2겹)
씨를 뿌린 듯 짧게, 결의 방향은 엇갈리게 수놓는다.

흰 금 강 초 롱

작년 가을이 시작 될 무렵, 곰배령에 갔다.
짙은 안개와 굵어지는 빗방울 때문에
서둘러 내려오고 있는데,
그때 갑자기 누군가 나를 불러 세웠다.
"이쪽이야, 여기 여기!"
순간적으로 발걸음을 멈추고 바라본 그곳에는
비에 젖어 몸을 반쯤 숙인 흰금강초롱이 있었다.
반갑고도 놀란 마음에 우산을 받쳐 주었지만
결국 내가 해줄 수 있는 건 아무것도 없었다.
내 가슴에 너의 이름을 새겨 넣는 것밖에.
고요한 가을, 비 내리는 숲에서
내 마음은 가을보다 더 단풍 들었다.

흰금강초롱

바탕천	광목
실 번호	163, 320, 367, 368, 369, 502, 520, 640, 642, 772, 928, 966, 987, 3072, 3346, 3363, 3364, 3781, 3863, 3865

만들기

도안 80%

수놓기

줄기 · 가지 아웃라인 스티치

꽃 · 꽃봉오리 롱앤숏 스티치

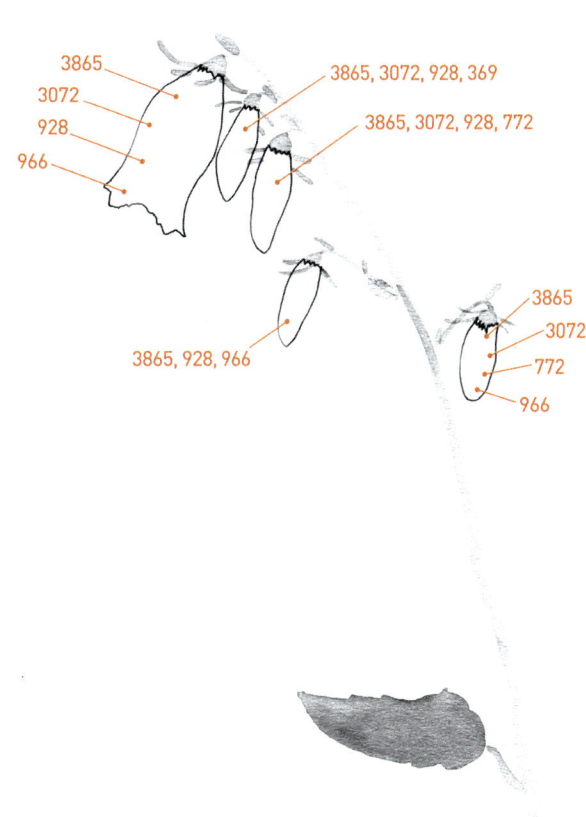

꽃받침 새틴 스티치, 아웃라인 스티치 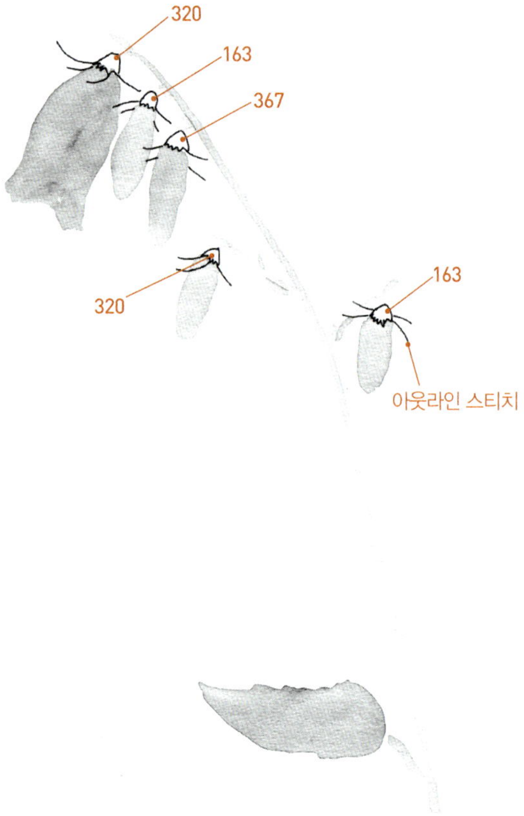   **잎** 롱앤숏 스티치, 아웃라인 스티치

320
163
367
320
163
아웃라인 스티치

3363
320
320
3346
3364
3346
3363

369
368
320
987
367
3863
아웃라인 스티치

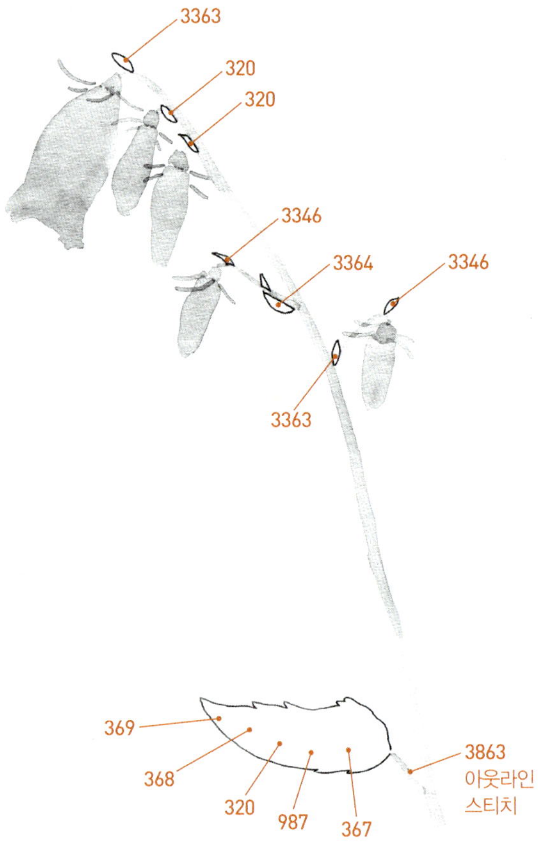

쑥방망이

꽃으로도 하지 못한 말
꽃으로 전하는 말.

꽃담   아름다운 무늬를 놓은 담
꽃등   맨 처음
꽃손   꽃나무가 쓰러지지 않게 세워주는 지주
꽃잠   신랑신부의 첫날밤의 잠
꽃주름   꽃잎에 나타나는 잔줄
꽃그늘   꽃나무의 그늘
꽃멀미   꽃의 아름다움이나 향기에 취해 일어나는 어지러운 증세
꽃무덤   아까운 나이에 죽은 젊은이의 무덤
꽃버선   여러 가지 색깔로 꾸미거나 수놓은 버선
꽃베루   매우 긴 산 굽잇길(강원도 정선 북면의 지명)
꽃자리   꽃이 달려 있다가 떨어진 자리
꽃숭어리 많은 꽃송이가 뭉쳐 달려 있는 덩어리
꽃눈개비 눈 같이 떨어지는 꽃잎

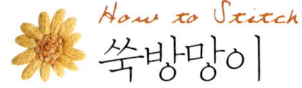
쑥방망이

바탕천	무명
실 번호	402, 520, 640, 725, 728, 935, 976, 977, 3021, 3051, 3362, 3363, 3776, 3781, 3820, 3821, 3822, 3827

만들기

도안

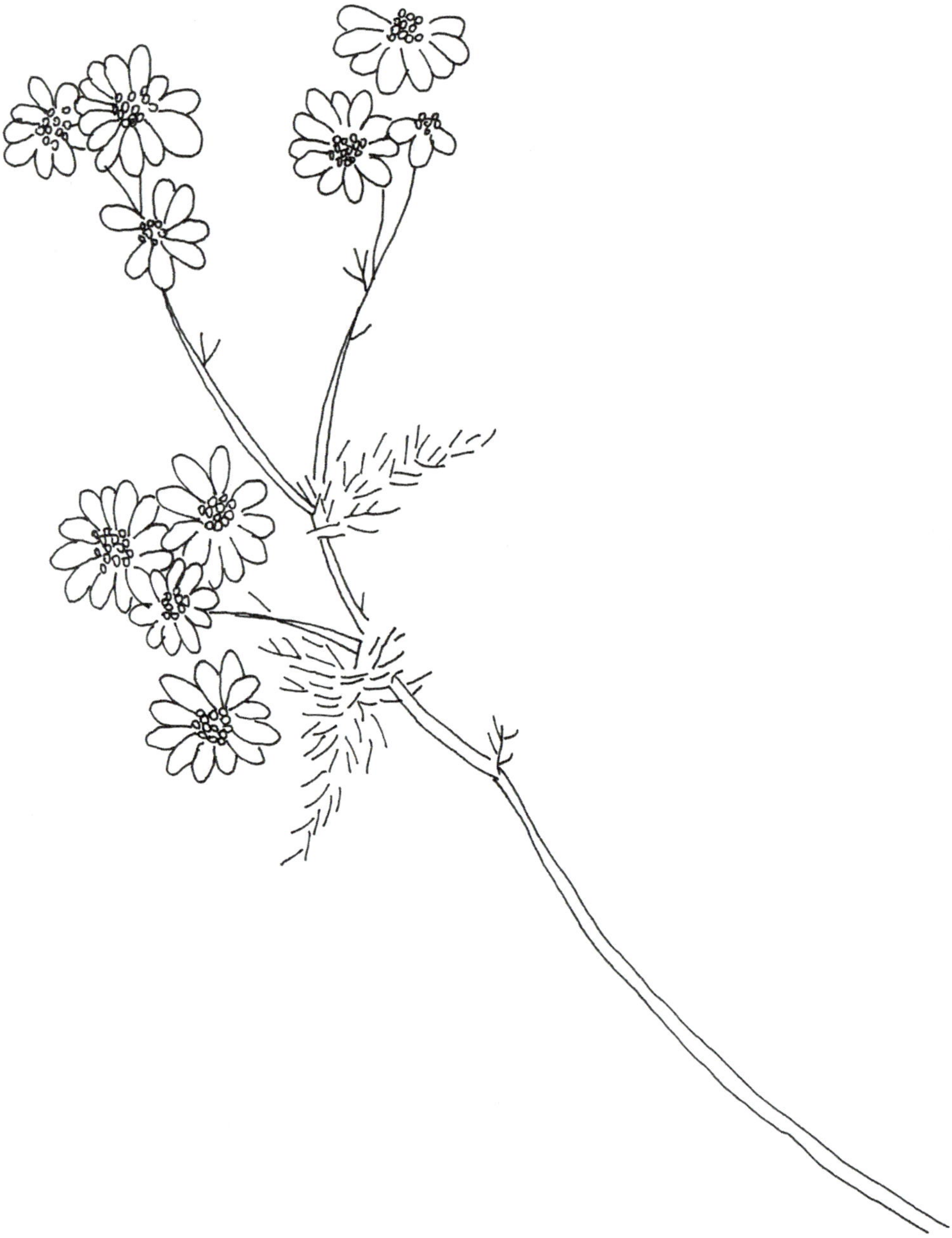

수놓기

줄기 · 가지 아웃라인 스티치

꽃술 프렌치넛 스티치(2겹, 2회 감기)
아래 색깔 중 2~3가지 색으로 꽃술을 수놓는다.

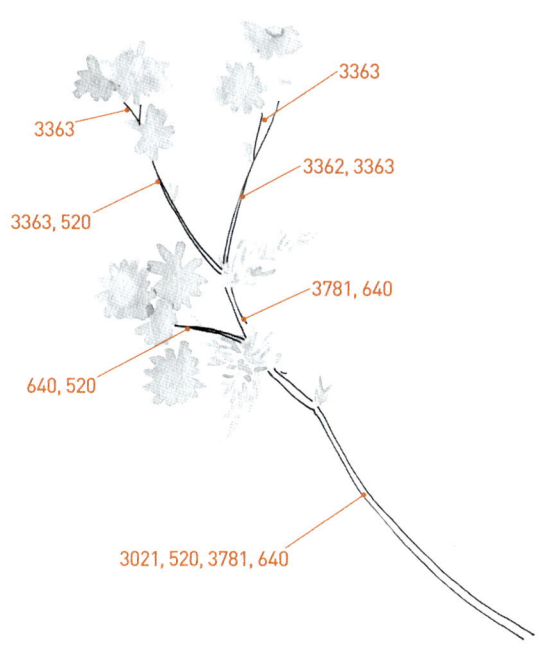

3363
3363
3363, 520
3362, 3363
3781, 640
640, 520
3021, 520, 3781, 640

976
977
402, 976, 977,
3776, 3827

137

꽃 레이지데이지 스티치(4겹)+스트레이트 스티치(4겹)

잎 스트레이트 스티치(2겹)
520, 3363번으로 작은 잎을 수놓는다.

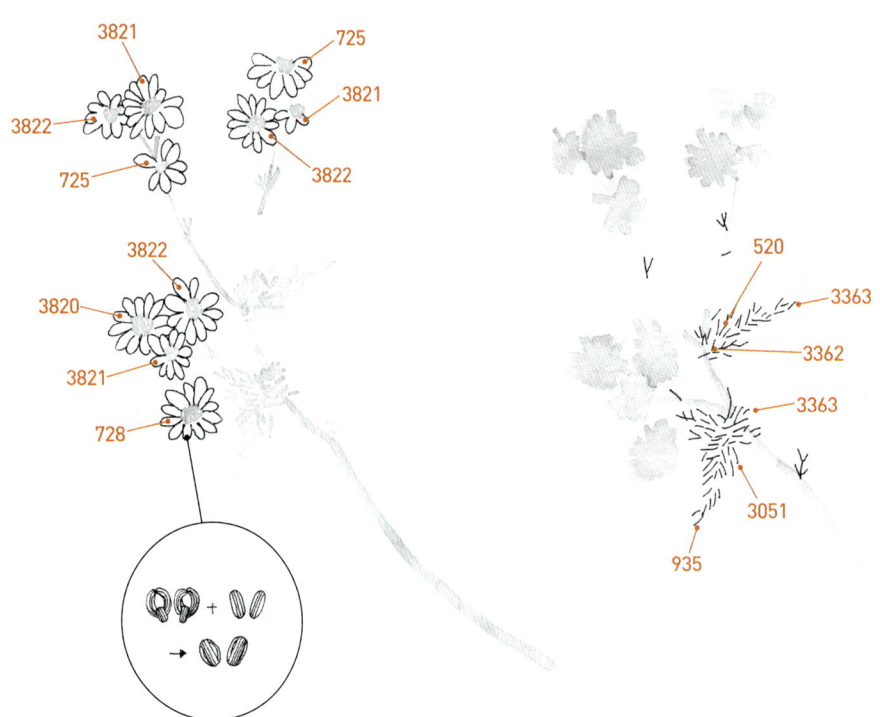

솔 나 리

"지금 네가 겪고 있는 그 고통은
다음에 닥쳐올 시련에 비하면 아무것도 아니야.
그러니 슬기롭게 잘 이겨내.
그냥 오는 건 아무것도 없어.
힘든것도 다 이유가 있는 거야."

선생님의 이 말씀 한마디가
내겐 그 어떤 위로의 말보다 큰 힘이 되었다.
밥을 먹은 것처럼 든든하고 기운이 솟았다.
선생님의 당부처럼
듣기 좋은 소리는 흘려 듣게 되었고
듣고 싶지 않은 쓴소리는 귀 담아 들으려 애썼다.
똑같은 마음인데도 마음가짐을 어떻게 하느냐에 따라
이 모든 게 다르게 보일 수 있다는 게 놀랍고 신기했다.
꽃을 수놓는 내 마음이 꽃 같지 않아
나에게 미안했던 날들.
이제는 내 마음에도 꽃을 피우고 싶다.

솔나리는 사라질 위기에 놓인 멸종위기식물입니다.
우리의 따뜻한 사랑으로 지켜주세요.

How to Stitch
솔나리

바탕천	리넨
실 번호	151, 164, 350, 351, 367, 368, 502, 520, 522, 523, 605, 647, 772, 818, 819, 963, 3022, 3052, 3340, 3346, 3362, 3363, 3608, 3609, 3689, 3705, 3856

만들기

도안 A 70%

수놓기

줄기·잎 아웃라인 스티치

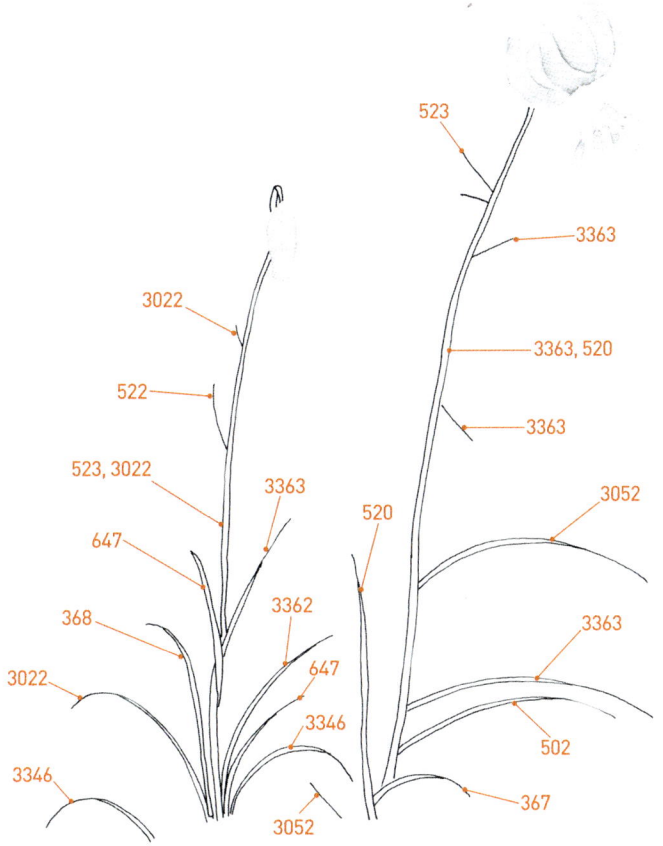

꽃 롱앤숏 스티치

꽃술
꽃술대 아웃라인 스티치
수술 아웃라인 스티치
암술 프렌치넛 스티치(2겹, 2회 감기)

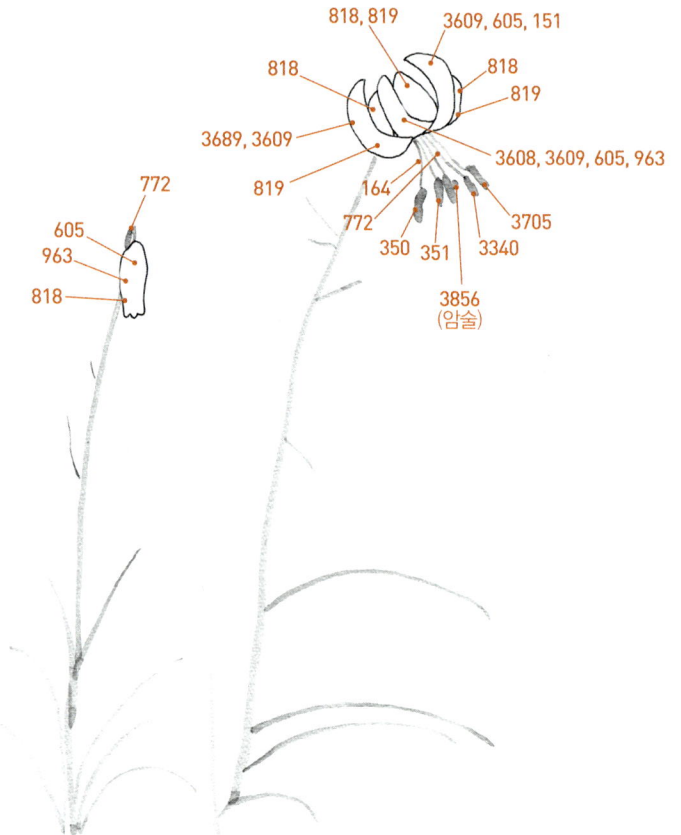

도안 B

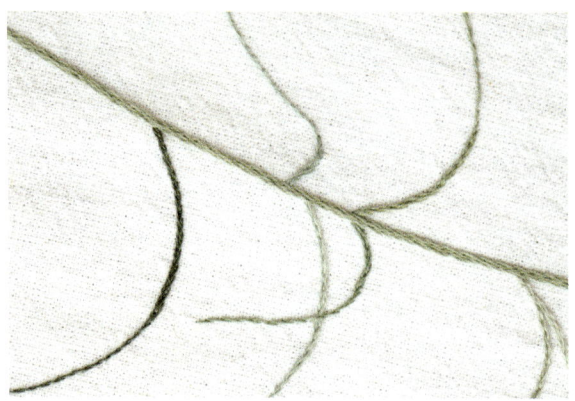

줄기·잎 아웃라인 스티치

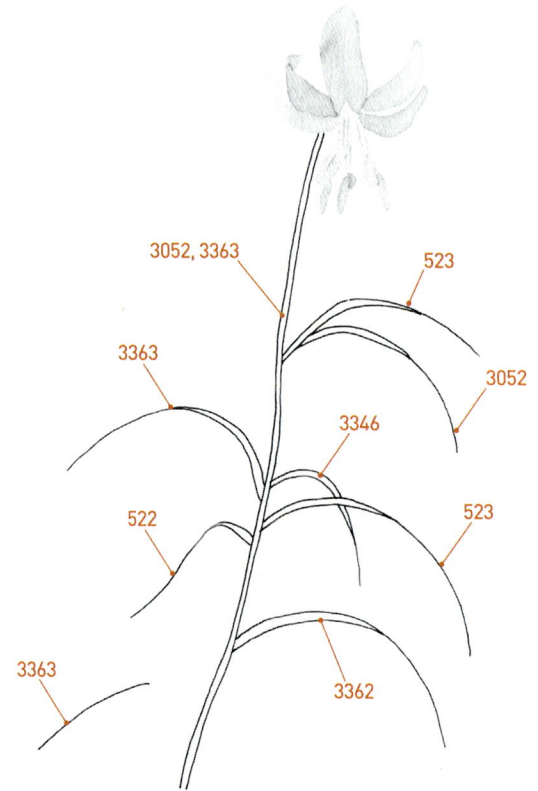

꽃 롱앤숏 스티치

꽃술
꽃술대 아웃라인 스티치
수술 아웃라인 스티치
암술 프렌치넛 스티치(2겹, 2회 감기)

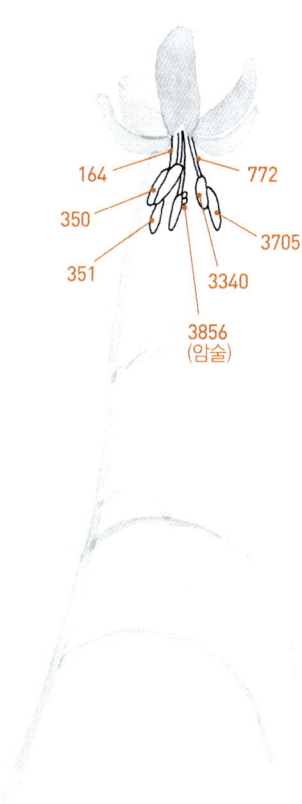

3689　3609
　　　3608

164　772
350
351　3705
　3340
3856
(암술)

147

각시취

야생화 자수 전시회를 준비할 때
우리나라의 자생식물을 수집했는데,
양양의 어느 비포장 길을 달리다가 각시취를 만났다.
처음에는 그냥 모르고 차를 출발시켰는데,
그게 섭섭했는지 나를 불러 세웠다.
결국 차에서 내려 왔던 길을 되돌아갔더니
어쩜, 세상에나!
각시취가 무리지어 한들거리고 있었다.
나는 탄성이 절로 나왔다.
혼자일 때보다 함께여서 좋다는 말은
이런 걸 두고 하는 말 같았다.
꽃송이 송이마다 저를 안아 달라고
두 팔을 벌리고 환하게 웃던 각시취.
올 가을에도 너를 만나러 가야겠다.

How to Stitch
각시취

바탕천	리넨
실 번호	155, 156, 210, 211, 320, 340, 367, 368, 502, 503, 522, 523, 772, 794, 799, 987, 988, 3347, 3363, 3364, 3746, 3807, 3838, 3839

만들기

도안 A 70%

도안 B 70%

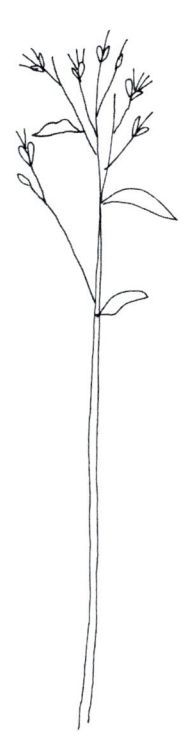

도안 C 70%

수놓기
수놓는 법은 도안 A, B, C 동일

줄기 · 가지 아웃라인 스티치
색깔별로 가지를 수놓는다.

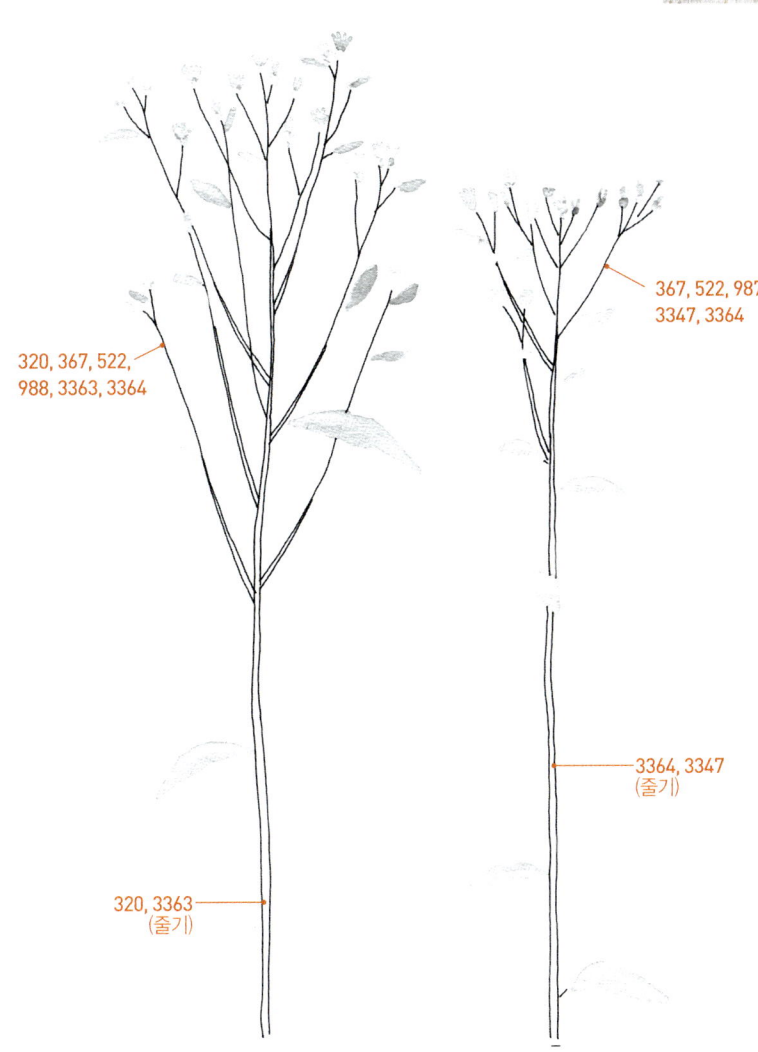

320, 367, 522,
988, 3363, 3364

367, 522, 987,
3347, 3364

3364, 3347
(줄기)

320, 3363
(줄기)

잎 롱앤숏 스티치
가지에 사용한 색깔로 나머지 잎을 수놓는다.

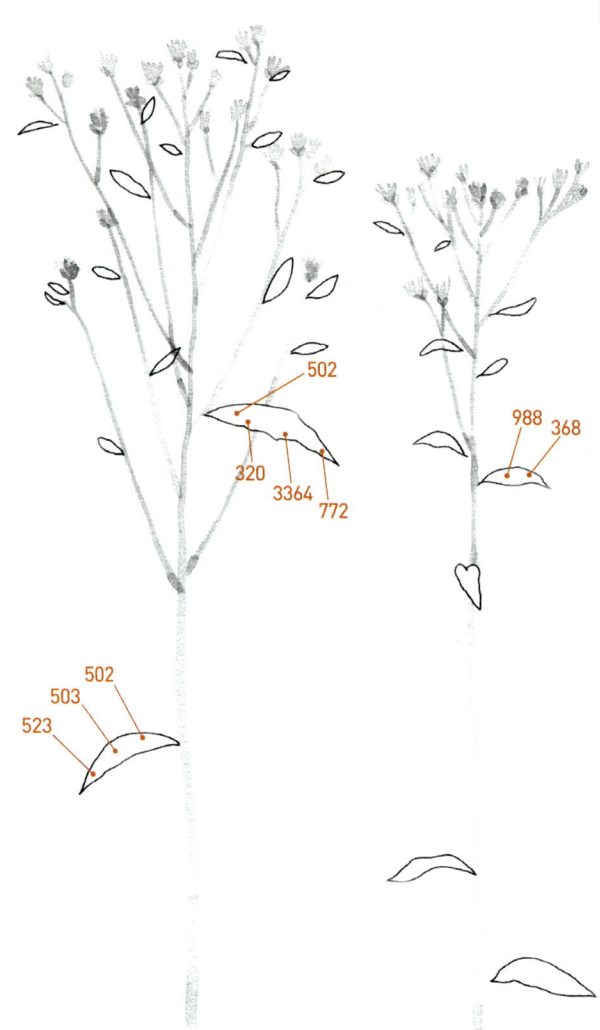

꽃 스트레이트 스티치(2겹)
①, ②, ③ 같은 색깔 / ④, ⑤ 같은 색깔
2개씩 구분된 색깔별로 꽃을 수놓는다.

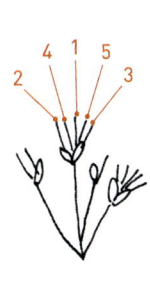

3746, 340 / 155, 156 / 210, 211
3807, 3839 / 799, 794 / 3838, 156

꽃받침 스트레이트 스티치(2겹)
가지에 사용한 색깔로 꽃받침을 수놓는다.

연 잎 / 연 밥

내 몸을 낮추면 꽃이 되는 자리
내 마음에도 꽃이 있다.

그대가 있다.

연잎 / 연밥

바탕천	무명
실 번호	164, 320, 367, 368, 522, 646, 772, 895, 987, 988, 3011, 3051, 3053, 3345, 3346, 3348, 3363, 3364

만들기

도안 A
70%

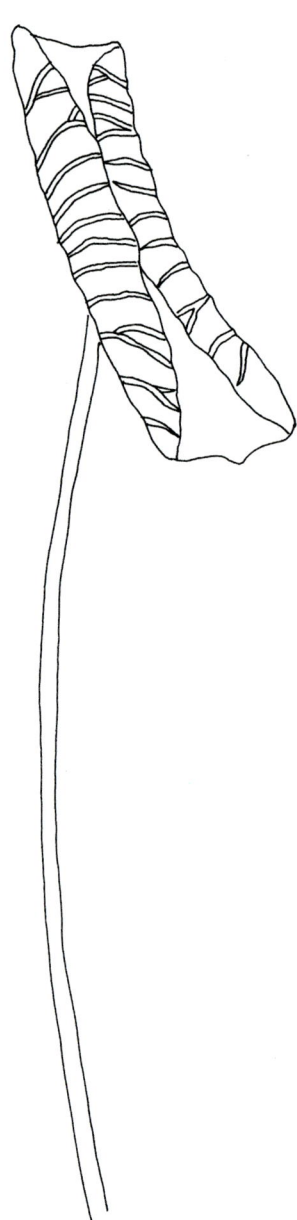

수놓기

줄기 아웃라인 스티치

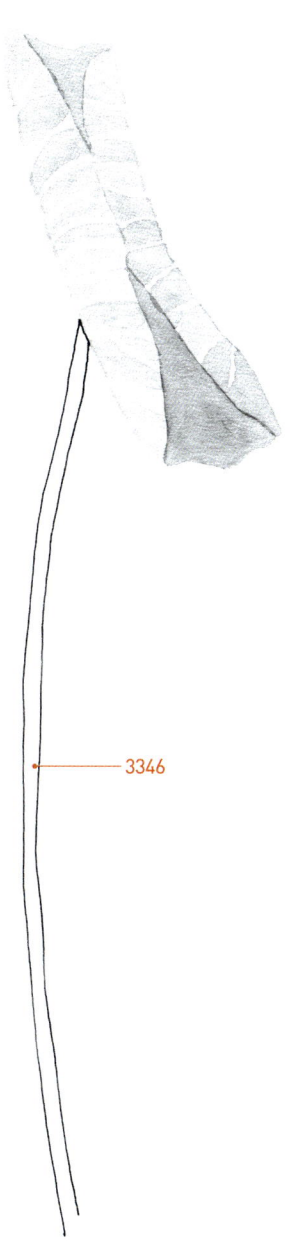

3346

잎맥 아웃라인 스티치

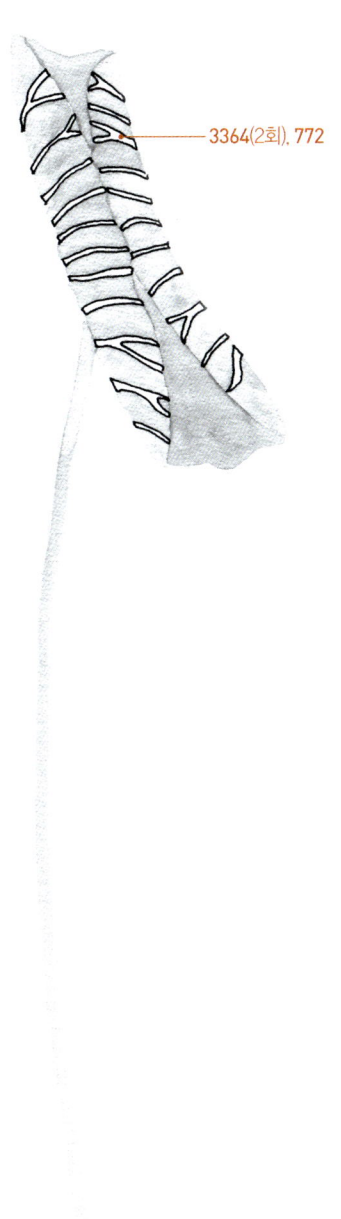

3364(2회), 772

잎 롱앤숏 스티치

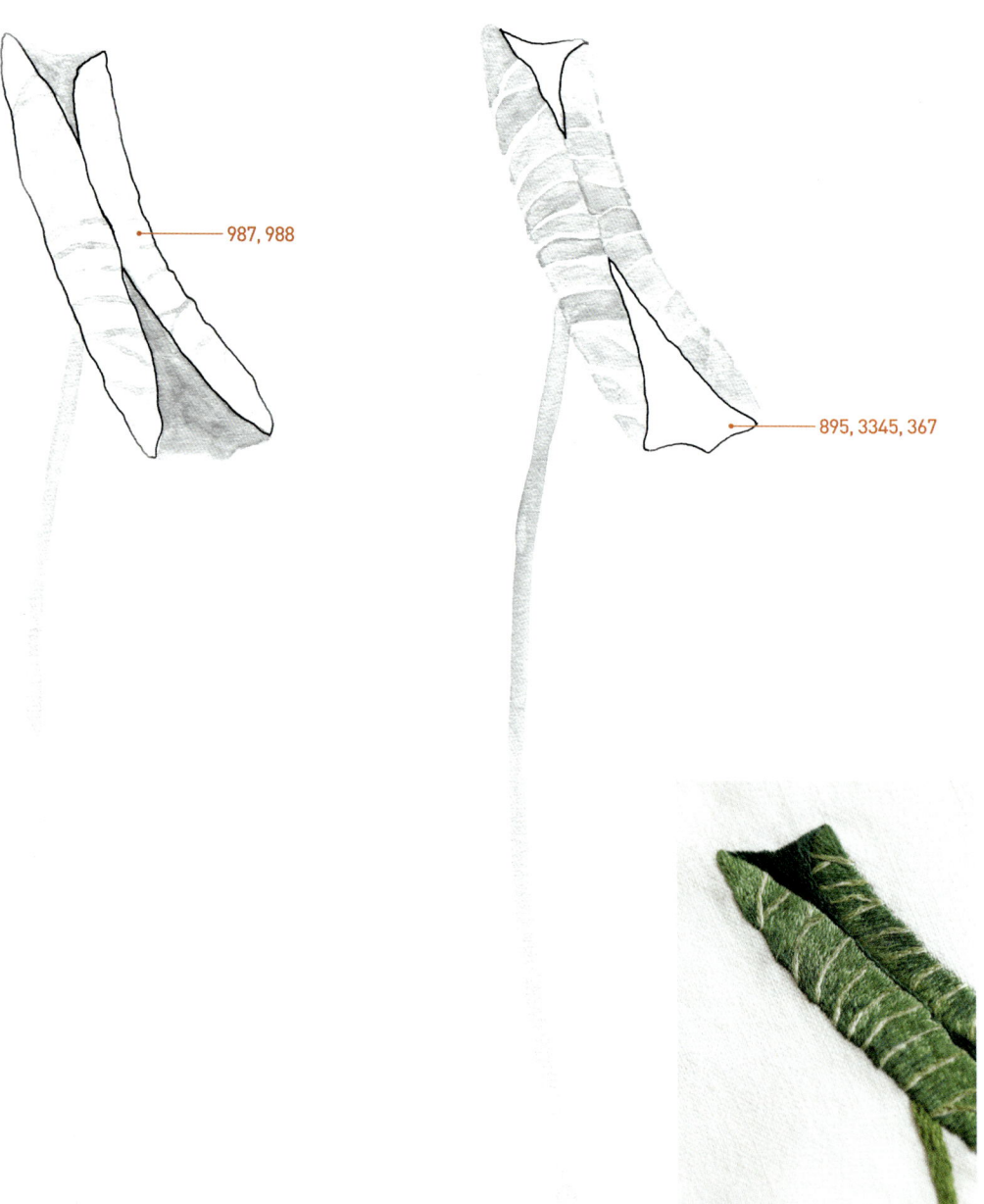

987, 988

895, 3345, 367

도안 B
70%

수놓기
줄기 아웃라인 스티치

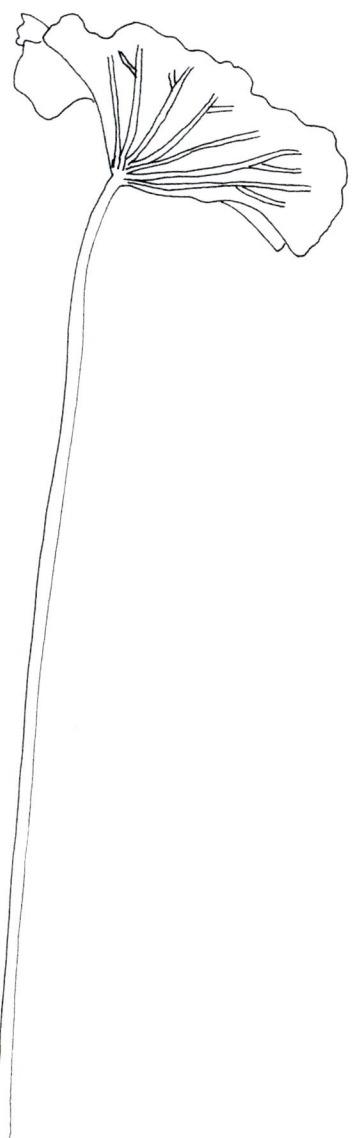
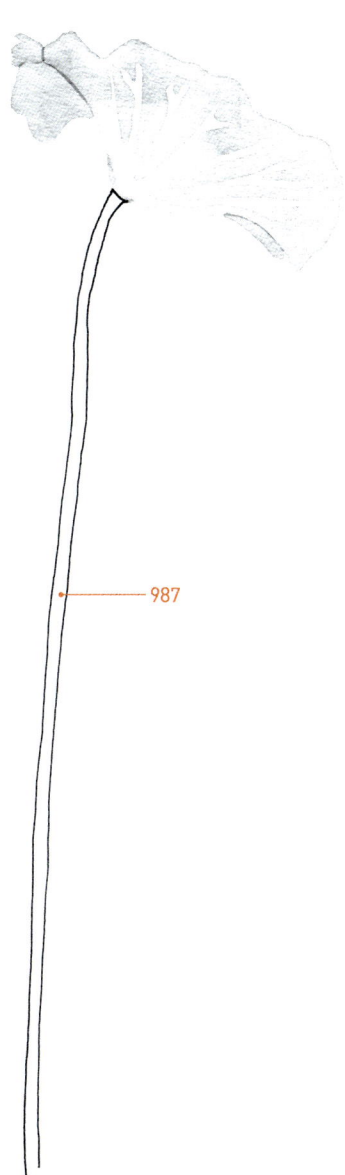

987

잎맥 아웃라인 스티치 **잎** 롱앤숏 스티치

3348(2회), 772

987

987, 3346, 988, 164

도안 C
70%

수놓기
줄기 아웃라인 스티치

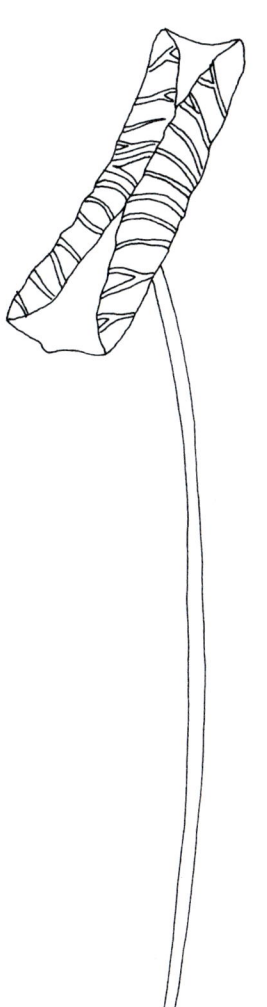
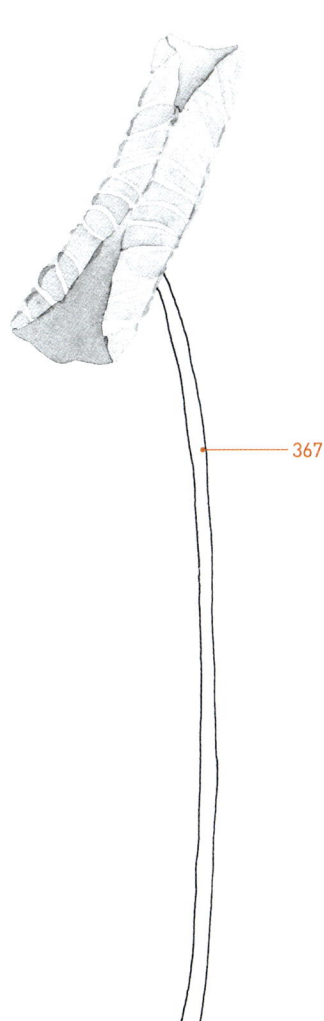

367

잎맥 아웃라인 스티치　　　　　　**잎** 롱앤숏 스티치

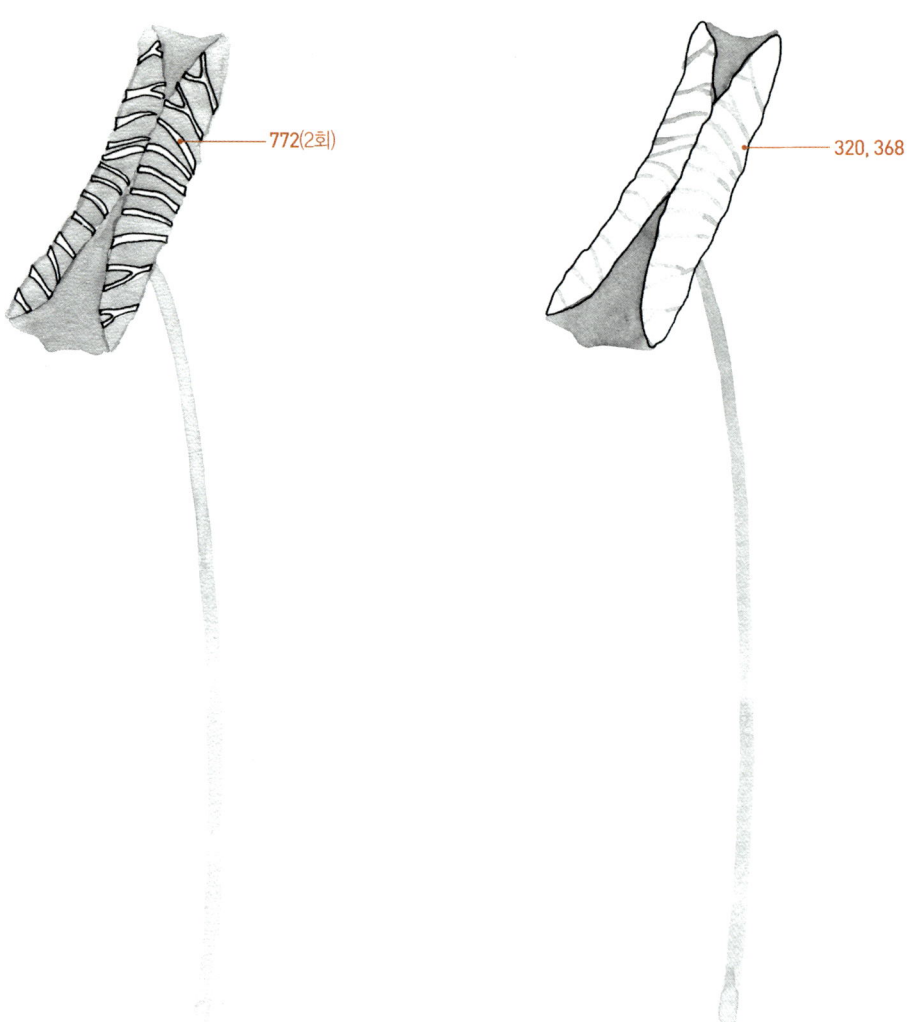

772(2회)　　　　　320, 368

잎 롱앤숏 스티치

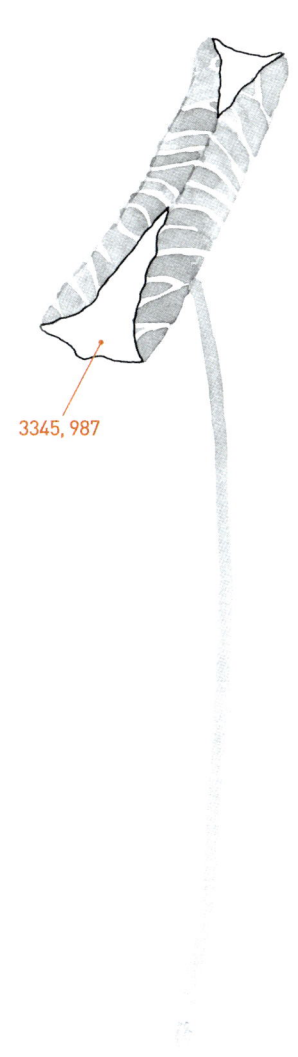

3345, 987

도안 D
70%

수놓기

줄기 아웃라인 스티치

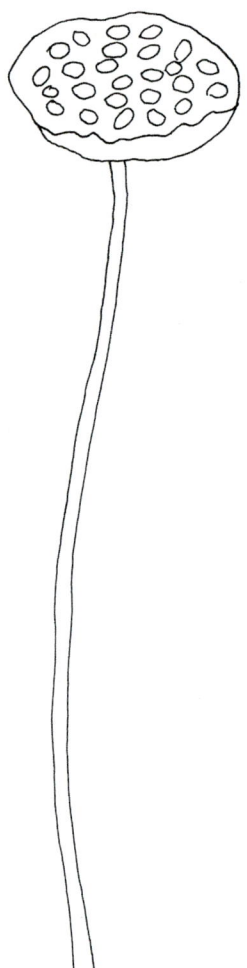
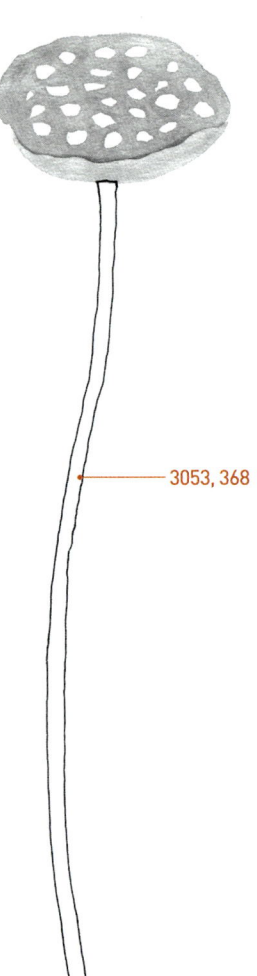

3053, 368

연밥 아웃라인 스티치

씨앗 패디드 새틴 스티치
색깔별로 씨앗을 수놓는다.

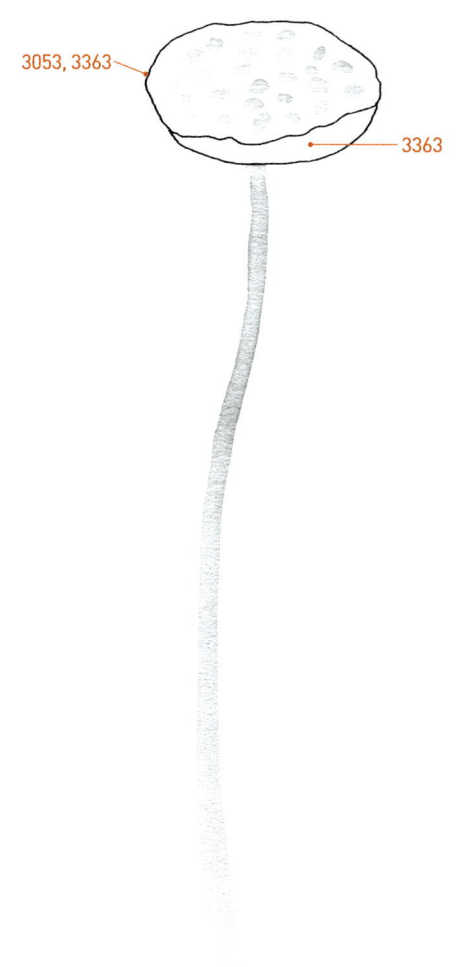

3053, 3363

3363

368, 522, 646,
3011, 3051, 3363

숫대

야생화는 나와 추억을 함께한 친구다.
그래서 나는 우리 야생화가 좋다.
보잘것없는 풀꽃이라 해도
어떤 날은 꽃대에 기대어 쉬었고
또 어떤 날은 꽃잎에 엎드려 울기도 했다.
늘 기억 저편에 두고 마음으로 그리워했는데
다행히 바느질쟁이가 되어 야생화를 수놓는다니
이보다 더 행복한 일이 있을까.
오래 전 하늘말나리에게 했던 약속,
꼭 다시 오겠다는 그 약속을
이제는 지키고 싶다.

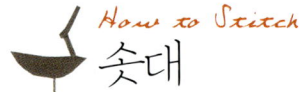# 솟대

바탕천	광목
실 번호	645, 3799

만들기

도안 70%

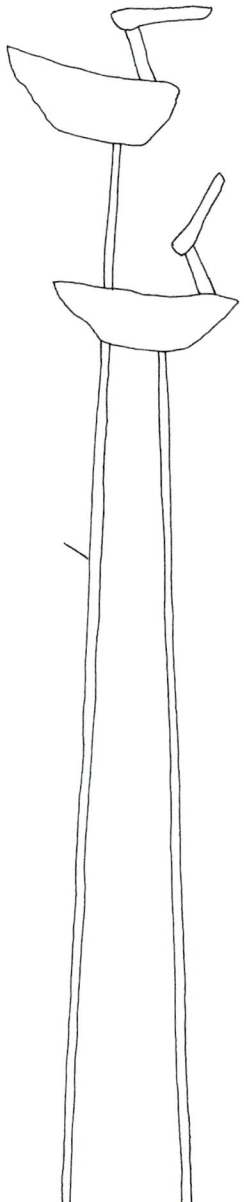

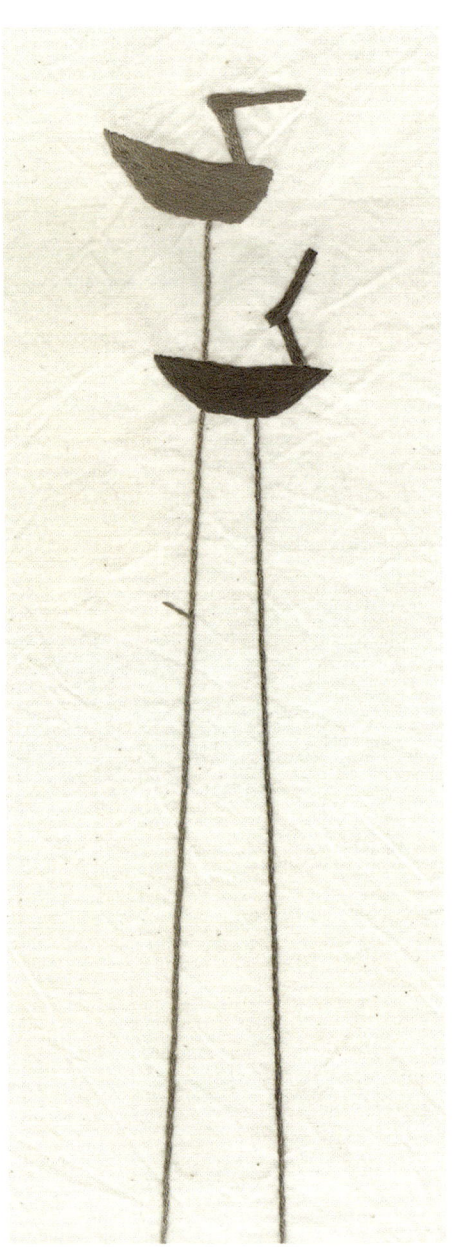

수놓기
아웃라인 스티치

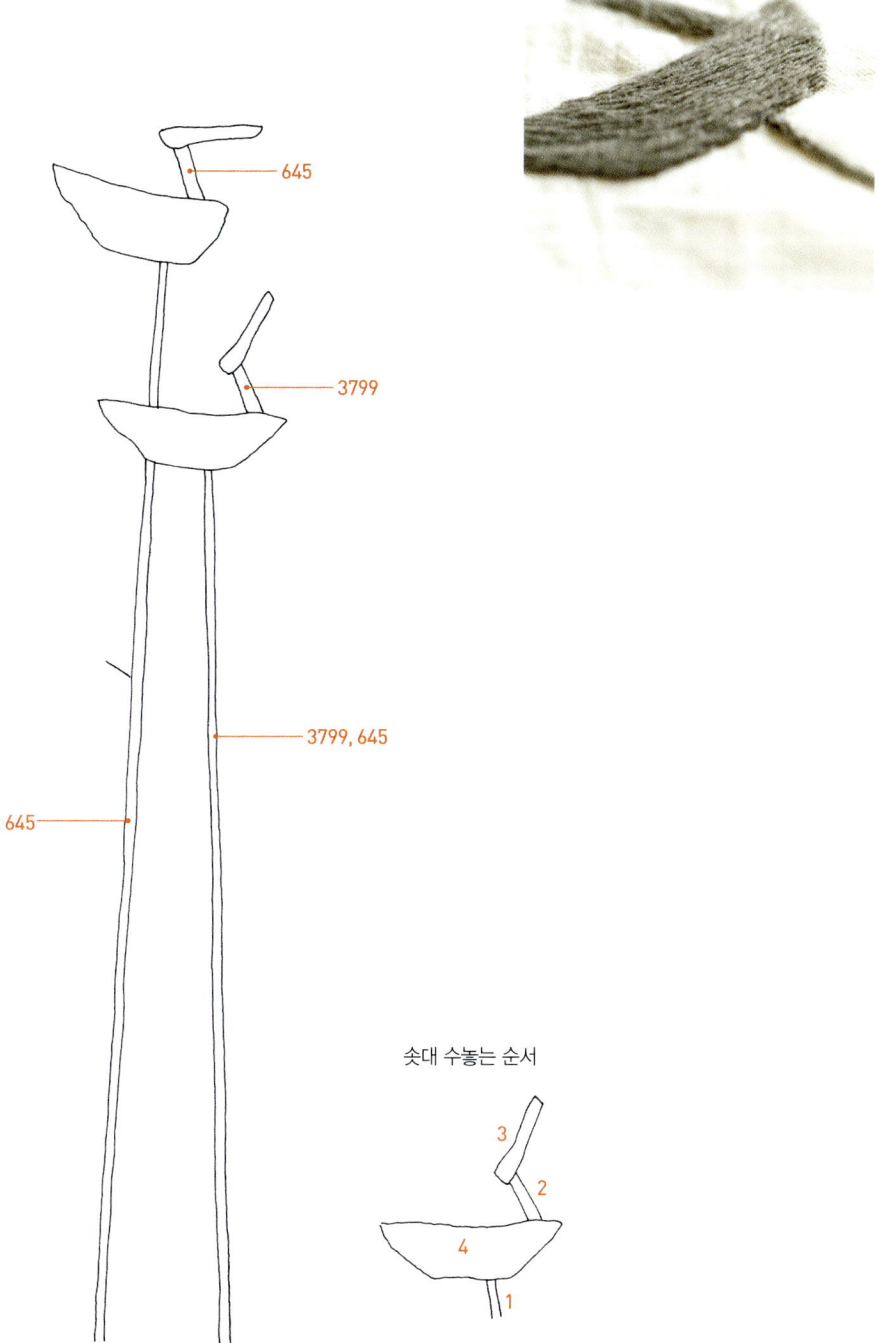

645

3799

3799, 645

645

솟대 수놓는 순서

3
2
4
1

우리 꽃 여행을 마치며

가슴 속 깊은 곳에 묻어둔 꽃 같은 이야기들과
지키지 못한 약속들은 꽃으로 기억되어
꽃이 주는 위안이 그토록 눈물겹게 느껴지나 봅니다.

소박하고 아름다운 우리 꽃을 수놓았던 시간은
그저 낡은 동화책 속의 특별할 것도 없었던 저의 오랜 이야기를
소담한 꽃으로 피워낸 행복한 시간이었습니다.
그 시간을 저와 함께 거닐어준 그대,
꽃처럼 아름다운 사람으로 기억하겠습니다.
고맙습니다.

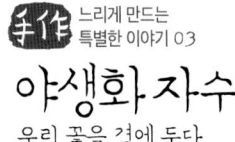

느리게 만드는
특별한 이야기 03

야생화 자수
우리 꽃을 곁에 두다

초판 1쇄 발행 2012년 6월 15일
초판 12쇄 발행 2020년 7월 2일

글 · 그림 김종희
펴낸이 이지은
펴낸곳 팜파스
기획 · 진행 이진아
편집 정은아
사진 그림스튜디오
일러스트 정은영
디자인 (주)ALL design group
마케팅 김민경, 김서희
인쇄 케이피알커뮤니케이션

출판등록 2002년 12월 30일 제10-2536호
주소 서울시 마포구 어울마당로5길 18 팜파스빌딩 2층
대표전화 02-335-3681　**팩스** 02-335-3743
홈페이지 www.pampasbook.com | blog.naver.com/pampasbook
이메일 pampas@pampasbook.com

값 18,000원
ISBN 978-89-93195-82-8　13590

© 2012, 김종희

- 이 책의 일부 내용을 인용하거나 발췌하려면 반드시 저작권자의 동의를 얻어야 합니다.
- 잘못된 책은 바꿔 드립니다.